KB265799

대한민국을 움직이는

자치단체 CEO ④

대한민국을 움직이는
자치단체 CEO ④

정문섭 지음

이른아침

2009년 10월 독자들에게 첫선을 보였던 《대한민국을 움직이는 자치단체 CEO》 시리즈의 네 번째 책을 세상에 내놓는다. 지방자치를 이끌어가는 가장 바쁜 단체장들을 인터뷰하여 시리즈 책을 출간하는 일은 결코 쉽지 않은 여정이었다.

그래도 우보牛步일지언정 묵묵히 한 방향으로 길을 걸어온 덕분에 한국의 지방자치 역사에 새로운 족적을 남겼다고 나름 자부하고 싶다. 힘은 들었지만 시간이 지날수록 이 시리즈는 곳곳에서 위력을 발휘하고 있다.

이따금 사람들이 내게 물어온다. 어떤 기준으로 단체장들을 선정하고 있느냐고. 이에 대한 대답으로 공무원들을 대상으로 팔로워십 강의를 할 때마다 'LEADER'의 머리글자를 풀어 답변했던 내용을 간략히 소개한다.

먼저 경청Listening을 잘하는 단체장인지를 확인했다. 요즘 같은 사회에서 일방적인 리더십은 빛을 발휘할 수 없다. 이보다는 경청을 통해 조직원들의 생각과 아이디어를 받아들이는 것이 훨씬 올바른 방식이다.

둘째는 교육Education에 얼마나 투자를 하는지를 점검했다. 지방자치를 잘하려면 핵심 구성원인 단체장과 공무원들이 배우는 자세를 가져야 한다. 단체장과 공무원이 배운 만큼 지역이 발전한다는 것은 분명한 사실이다.

셋째는 단체장의 긍정 마인드Affirmation를 체크했다. 성공한 단체장은 아무리 어려운 상황에서도 긍정 마인드를 갖고 조직의 난관을 헤쳐 나간다.

넷째는 단체장이 지역민들에게 제시하는 꿈Dream의 내용과 비전을 살펴보았다. 한 사람의 꿈은 꿈으로 끝날 수 있지만 조직이 함께 꾸는 꿈은 반드시 현실이 된다는 측면에서 단체장이 가진 꿈의 크기와 실현 가능성을 점검하는 것은 매우 의미가 있다.

다섯째는 도덕성Ethics이다. 민선 3기 임기를 채우지 못한 단체장이 47.9%에 달했다는 것은 단체장의 도덕성이 얼마나 심각한 지경에 이르렀는지 보여준다.

여섯째는 책임감Responsibility이다. 솔선수범하면서 권한은 부하에게 위임하되 책임은 단체장이 질 때 조직원들은 리더에게 무한신뢰를 보내며 따르게 된다.

4권에도 이런 잣대를 토대로 엄선한 다섯 분의 성공한 단체장들을 인터뷰했다. 이번에 소개된 단체장들은 공교롭게도 모두 전직 공무원 출신들이라는 점이 이채로웠다.

첫 번째 김주영 영주시장은 '살기 좋은 고품격 도시 영주'라는 꿈을 제시하며 구체적인 비전 2020 목표를 수립한 뒤 풍부한 일자리, 격조 높은 문화, 쾌적한 자연환경이 어우러진 도시를 만드는 데 혼을 쏟아붓고 있었다. 그 결과 2조 원의 투자유치와 7,700여 개의 일자리 창출, 귀농·귀촌의 1번지이자 선비문화의 도시, 푸른 공원이 가득한 영주를 일구는 데 성공했다.

특히 전국 자치단체 중에서 유일하게 영주를 글로벌 인재양성 특구로 지정받은 김 시장은 우리나라 최초의 사립대학인 소수서원의 전통을 되살려 영주를 선비의 고장으로 가꾸는 한편 선비문화수련원을 통해 외국인들에게까지 선비정신을 심어주고 있었다.

두 번째 이명흠 장흥군수는 정남진 장흥 물축제의 성공적 개최와 정남진 장흥 토요시장의 활성화를 통해 낙후 지역의 대명사였던 장흥을 '함께 달리는 장흥, 희망의 정남진'으로 바꾸면서 지역의 발전을 견인하고 있다.

이 군수는 또한 자신을 희생하면서 제2의 제주관문 노력 항港을 개설하여 오렌지호가 뜰 수 있도록 강력한 리더십을 발휘했다. 이는 여타 자치단체장들의 롤 모델로 손색이 없었다. 이 밖에도 통합의학 박람회 개최와 군민이 참여하는 주민주식회사의 설립, 블루오션인 마필 산업 등 새로운 분야에 발 빠르게 눈을 돌리는 선구자적 사고와 팔로워십을 통해 공직자들이 변신하도록 이끌면서 장흥을 전남 중남부권의 중심 도시, 명품 군으로 탈바꿈시키고 있다.

　세 번째 김선교 양평군수는 '주민의, 주민에 의한, 주민을 위한' 특색 있는 지역 만들기 사업을 추진하면서 양평군을 전국 최고의 친환경농업 특구로 가꾸어 인구 10만 시대의 진입을 통해 시승격의 꿈을 현실화해 나가고 있다. 김 군수는 또한 전국 최초의 정신문화운동인 '삶의 행복운동' 선포식을 갖고, 근자열近者說 원자래遠者來의 개념을 도입해 양평군을 대한민국의 스위스로 만들고자 열정을 불사르고 있다.

　더불어 김 군수는 군 단위 전국 최초로 군립미술박물관과 황순원문학관을 건립하고 양평 용문산 산나물축제를 성공적으로 개최하는 감동행정, 양평 강변로 자전거길을 조성하는 등 번뜩이는 아이디어 행정, 뚝심 행정의 좋은 본보기가 되고 있다.

　네 번째 이종윤 청원군수는 차기 청원군수의 보장된 길을 포기하고 청원의 마지막 군수로서 통합 청주시가 탄생하는 데 헌신적 역할을 다하고 있다. 이 군수는 '대전광역시, 세종시와 삼각벨트를 형성하려면 청원·청주 통합은 필연'이라는 판단 아래 통합을 주도, 3회에 걸쳐 실패했던 청주·청원 통합을 마침내 성공시켰다. 또 전국 최초로 초·중학생 친환경 무상급식을 실시해 청소년의 건강담보, 학부모의 부담 경감, 지역 농업의 활성화 등 1석 3조의 효과를 거뒀다.

　이 군수는 새벽 현장답사 등 위민행보와 더불어 청원생명쌀을 고품질 브랜드 쌀로 격상시켰고, 청원생명축제를 40여 만 명이 찾는 전국 축제로 승화시켜 주민소득 증대에도 크게 기여했다.

마지막으로 채용생 속초시장은 실향민의 도시 속초시를 환동해의 관광·물류 중심 도시로 만들고자 종합관광어항인 대포항 개발사업을 마무리 짓고 대포 3농공단지 조성, 환동해 북방 항로의 시대를 열 백두산 항로 재취항에 공을 들이며 바다를 발판으로 '환동해의 중심, 속초시대'의 꿈을 키워가고 있다.

채 시장은 관광산업의 육성과 일자리 창출을 제1의 시정목표로 삼고, 사회적기업의 육성과 기업 유치의 토대가 될 동해안 젓갈 콤플렉스센터의 개관, 체류형 체험관광시설인 척산족욕공원와 설악누리길, 속초자생식물원의 개장, 속초관광시장과 로데오거리의 변신을 통해 관광도시 속초의 재도약을 위한 발판을 차근차근 다져나가고 있다.

이 책에는 자치단체를 성공적으로 이끈 다섯 단체장들의 인생철학과 역정이 담겨 있다. 여기서 깨달음을 얻고 이를 행정에 접목시켜 지방자치가 한 단계 업그레이드된다면 나로서는 이보다 더 큰 기쁨이 없을 것이다. 이 책이 동료 단체장들은 물론 미래의 자치단체장을 꿈꾸는 후보들과 이를 연구하는 사람들, 그리고 자치단체에 소속된 공무원 모두가 필독하여 활용할 수 있는 자료가 되기를 바란다.

아울러 필자는 단체장들을 인터뷰하고 이들로부터 받은 각종 자료를 토대로 원고를 다듬으며, 마치 주인공이 직접 쓴 글처럼 1인칭 화법을 전개했는데, 이는 글에 빨려 들어가는 생동감과 함께 독자들이 내용에 집중하도록 하려는 의도였다. 이 점 독자나 주인공 모두 오해 없으시길 바란다.

끝으로 네 번째 책자의 주인공으로 쓸 수 있도록 기꺼이 허락해주신 김주영 경상북도 영주시장, 이명흠 전라남도 장흥군수, 김선교 경기도 양평군수, 이종윤 충청북도 청원군수, 채용생 강원도 속초시장(이상 인터뷰 순) 등 다섯 분의 자치단체장 모두에게 다시 한 번 고마움을 전한다.

뜨거운 가슴과 냉철한 머리를 가지고 '지방이 희망'임을 보여주기 위해 오늘도 혼신渾身의 노력을 다하고 있을 성공한 자치단체장들을 향한 릴레이 인터뷰는 앞으로도 계속 이어질 것이다.

2013년 7월

문담門潭 정문섭

정수행 원칙 '365운동' · 군수결재권을 1%로 하향조정하고 현장간부회의를 하다 · 자전거 여행의 천국, 달려라 양평 · 전국 최초의 '군립미술관' 건립 · 국어교과서에도 실린 황순원문학관 소나기마을 · 양평 용문산 산나물축제 · 전국 최초, 최고의 친환경농업특구 · 1지역 1특색 만들기 · 선택과 집중, 뚝심으로 양평의 어려운 난제 해결 · 중앙의 지시에만 충실하면 지방자치가 아니다 · 정신이 살아 있는 지역을 만들어야 한다 · 공무원은 '갑'이 아니다 · 건강한 지역을 만들기, 자전거 예찬 · 공무원은 수修·창創·애愛가 있어야 한다 · 단체장에게 중요한 것은 비전 제시와 정책구상 · 근자열 원자래의 마음으로

충청북도 청원군 _ **이종윤** 청원군수 **174**

자연, 말없는 나의 스승 · 선배들에게 배운 리더십 · 부모로부터 물려 받은 '정신적 맷집' · 나의 공직생활 · 힘든 만큼 보람도 컸던 오송 첨단의료복합단지 유치 · 청원군수에 도전하다 · 권위를 내려놓고 소통의 문을 열다 · 심혈을 기울인 청원·청주 통합 · 새벽 5시에 시작되는 현장 답사 · 1억 원 이상 소득 농가 1,000호 육성사업 · 지자체 중 최초로 시작한 초·중학생 친환경 무상급식 · 기업 하기 좋은 청원 · 7회째 고품질 브랜드 쌀에 선정된 청원생명쌀 · 입장객 40만 명을 돌파한 청원생명축제 · 농업은 현장에 답이 있다 · 호시우행, 호랑이같이 보고 소처럼 행동하라 · 참으면 풀리게 마련이다 · 공직생활을 잘하려면 · 나의 건강을 지켜준 등산 · 통합 청주시를 바라보는 개인적 소회 · 내가 꿈꾸는 청원군의 미래

강원도 속초시 _ **채용생** 속초시장 **230**

실향민의 도시, 속초시 · 참을성을 깨우쳐준 부모님 · 독일병정 소리를 듣던 공직자 시절 · '99 강원국제관광엑스포'를 준비했던 부시장 시절 · 속초시장에 도전하다 · 속초 도심관광의 명소 '설악로데오거리' · 속초의 산업구조를 바꾼 해양수산가공산업 · 속초의 신성장 동력, '붉은대게산업' · 전국 최고의 전통시장으로 탈바꿈한 속초관광수산시장 · 일자리 창출을 제1의 시정목표로 · 역경 속에서 깨달음으로 · 50년 숙원 도심지내 군부대 이전 · 환동해 물류관광을 선도하는 백두산 항로 취항 · 우여곡절 끝에 모습을 드러낼 대포항 · 산악관광의 거점, 국립산악박물관 유치 · 척산족욕공원 · 설악누리길 · 자생식물원 조성 · 관광 비수기를 극복하는 행사 유치 마케팅 · 속초시 승격 50주년을 '제2의 도약'으로 선포 · 공무원에게 바라는 것들 · 묵묵히 내조를 해준 아내 · 바다에 대한 소고小考 · 동해의 중심, 속초시를 꿈꾸며

영주시장

김주영

한 사람이 꿈을 꾸면 단지 꿈에 불과하지만,
만인이 꿈을 함께 하면 그 꿈은 현실이 된다.

현장에 가면 일의 결과를 정확히 확인할 수 있다. 시민의 입장에서 불편함이 없는지, 사업 목적이 제대로 달성되었는지, 개선할 점이 없는지 확인하는 것도 현장에서만 가능한 일이다.

가급적 시간을 많이 내서 충분히 살펴보면 답이 보인다. 현장을 다니면 시민들의 솔직한 의견을 많이 들을 수 있다. 사소한 생활의 불편사항을 고쳐 달라고 할 때도 있고, 공사 현장의 문제점에 대해 지적할 때도 있다. 현장을 알고 있는 시민들의 지적사항은 타당한 경우가 많아 귀담아 듣고 반영하려고 노력한다. 현장은 말한다. 현장에 가보지 않고는 현장의 말을 제대로 들을 수가 없다고. 그래서 나는 현장의 말을 들으러 오늘도 현장을 찾는다.

한국의 선비문화를 체험하고 배울 수 있는 영주의 선비촌

● 한 사람이 꿈을 꾸면 단지 꿈에 불과하지만,
● 만인이 꿈을 함께 하면 그 꿈은 현실이 된다. ●

내 고향 영주시

내 고향 영주는 소백산이 병풍처럼 감싸고 있는 곳이다. 소백산은 생명을 잉태하고 보듬는 어머니 같은 산이다. 소백산 자락에서 영주의 문화가 시작되었고, 영주의 역사가 시작되었다. 영주는 사람이 살기 좋고 인물이 많이 나는 곳으로 일찍이 주목받은 곳이다.

조선 후기 지리학의 대가 이중환은 《택리지擇里志》에서 영주를 '신이 축복을 내린 땅'이라고 했다. 최고의 예언자 '남사고'는 '소백은 사람을 살리는 산'이라고 했다. 《정감록鄭鑑錄》에도 소백산 자락인 영주를 10승지 중에서 1승지로 기록하고 있다.

영주에 최초, 최고最古가 많다. 영주 부석사는 통일신라 초기의 혼란한 시대정신을 아우른 화엄사상華嚴思想의 발원지로 유명하다. 부석사에는 한국 건축의 최고 걸작인 무량수전이 있다.

생명을 잉태하고 보듬듯이 영주를 병풍처럼 감싸고 있는 어머니 같은 소백산

영주는 동방 성리학의 비조인 회헌 안향 선생이 태어난 곳이며 우리나라 최초의 사액서원賜額書院이자, 선비의 산실인 소수서원이 있는 곳이다. 조선시대 관학이 피폐해지자 무너진 유학을 다시 이어 닦는다는 뜻을 갖고 시작한 소수서원은 우리나라 최초의 사립대학이다. 하버드대학보다 93년 앞선 소수서원에서 길러낸 4,300여 명의 인재들은 조선을 이끌어갔다.

영주는 충절의 역사가 서려 있는 곳이다. 영주시 순흥면은 지금의 광역시에 해당하는 순흥도호부가 있던 곳이다. 남순북송南順北宋이라 하여 한강 이남은 순흥이요, 한강 이북은 송도라 일컬어질 정도로 번창하였다.

그러나 1457년(세조 3년) 세조의 여섯째 동생인 금성대군, 순흥부사 이보흠 등이 도모한 단종 복위 운동인 '정축지변丁丑之變'이 실패하면서 순흥도호부는 폐부됐다. 당시 단종 복위에 가담했던 순흥 사람들을 처형할 때 나온 피가 10리를 흐르면서 하천을 붉게 물들였는데, 그 피가 멈춘 곳을 '피끝마을'이라고 부른다.

영주는 백성의 나라를 꿈꾼 민본 사상가이자 조선을 설계한 삼봉 정도전 선생의 고향이기도 하다. 영주시 가흥동 구학공원에는 삼판서고택三判書古宅이 있다. 우리나라에서도 유래를 찾아보기 힘들게 세 분의 판서가 잇달아 살았던 곳이다. 이 집은 고려 공민왕때 형부상서刑部尙書를 지낸 정운경鄭云敬은 그의 사위인 공조전서工曹典書 황유정黃有定에게, 황유정은 외손자 이조판서吏曹判書 김담金淡에게 물려주어 3성三姓이 이어오며 세 분의 판서를 배출하였다.

첫 번째 판서인 정운경은 바로 정도전의 아버지이다. 정도전은 조선의 통치규범인 《조선경국전朝鮮經國典》을 지었을 뿐 아니라 조선의 수도인 한양을 손수 설계하였다. 조선 500년을 설계한 정도전의 민본사상은 영주에서 싹을 틔운 것이다.

소백산은 영주에 깨끗한 공기와 맑은 물, 그리고 밝은 태양을 가져다 주었다. 영주는 전국에서 일조량이 가장 많고 낮과 밤의 기온차가 크다. 이러한 연유로 영주사과, 풍기인삼, 영주한우를 비롯한 명품 농·특산물과 산삼을 비롯한 약초도 많이 생산되고 있다. 특히 주세붕 선생이 풍기

통일신라 초기의 혼란한 시대정신을 아우른 화엄사상의 발원지로 유명한 영주의 부석사

군수로 재임할 때 산삼 씨앗을 집에서 기를 수 있도록 하면서, 영주는 최초의 인삼 재배지가 된다.

영주는 문화유산과 문화재가 널려 있다. 국보 7점, 보물은 23점이나 있다. 곳곳에 있는 문화 유적은 영주의 역사를 말해준다. 최근에는 도로를 개설하다가 3천 년 전 청동기 초기 유물이 대거 발굴되기도 하였다.

영주는 경상북도의 최북단에 위치해 있다. 그래서 서울 등 수도권에서는 남쪽으로 상당히 멀리 떨어져 있는 곳으로 인식되지만 지도를 보면 위도상 천안시보다 영주시가 더 북쪽에 있다. 영주는 중앙선, 경북선, 영동선이 교차하는 철도교통의 요충지이고 중앙고속도로가 관통하고 있어 전국 어디서나 접근성이 좋다.

지금 우리는 세계화시대이자 가장 지방적인 것이 세계적인 것이 되는 세방화世放化의 시대에 살고 있다. 영주의 선비정신은 과거 산업화가 한창 진행될 때에는 제대로 평가를 받지 못했다. 그러나 글로벌 금융위기 이후 자본주의 한계를 극복하기 위한 새로운 가치관으로 선비정신과 선비문화가 새롭게 재조명되고 있다. 그런 점에서 볼 때 내 고향 영주는 앞으로도 새로운 정신문화의 창조 지역으로 빛을 발하게 될 것이다.

'큰 바위 얼굴'을 그리던 어린 시절

나는 영주의 진산鎭山인 철탄산 아래 향교골에서 태어났다. 철탄산은 유년시절의 추억이 서린 곳이다. 학교수업을 마치면 집에 책가방을 던져놓고 동네 친구들과 산에 올라 병정놀이로 하루를 보냈다. 마을 곳곳의 빈터에서는 자치기와 술래잡기, 쥐불놀이 등을 했고 겨울에는 꽁꽁 얼어붙은 논에서 썰매를 타고 놀았다. 친구들과 어울려 시간 가는 줄 모르고 놀던 그 시절이 지금도 기억에 선하다.

그때에는 장난감도 없었고 놀이기구도 없었다. 읽을 만한 변변한 책도 별로 없었다. 그때 가장 재미있게 읽었던 동화책은 《로빈 후드의 모험》이다. 몇 번 읽어도 질리지 않았고, 로빈 후드의 멋진 의적 활동은 내 가슴을 뛰게 하였다. 나다니엘 호손의 《큰 바위 얼굴》도 감명 깊게 읽었다. 《큰 바위 얼굴》을 읽으면서 사람의 가치는 돈이나 권력이나 힘에 따라 결정되는 것이 아니며, 끊임없이 자기성찰을 하면서 주변에 좋은 일을 베푸는 것이 중요하다는 것을 배웠다.

저자가 누구인지 기억나지는 않지만 만화책《참다운 친구》도 재미있게 읽었다. 절친한 두 친구가 같이 과거시험을 보았는데 한 친구는 급제하고 다른 한 친구는 낙방하여 갈등을 겪게 되었다. 급제한 친구가 다른 친구에게 자극을 주려고 일부러 쌀쌀하게 대했기 때문이었다. 낙방한 친구는 분발하여 열심히 공부하였고 장원 급제한 후 못된 친구를 벌주려 한다. 그러나 자기가 공부하는 동안 어머니를 극진하게 보살펴준 친구의 속마음을 알고 비로소 진정한 우정을 키워나간다는 내용인데 참다운 친구를 갖는 것이 얼마나 중요한지를 일깨워주었다.

내가 자란 동네에는 영주향교와 영주여고가 있었다. 지금은 없어졌지만 영주향교에는 청룡, 백호, 주작, 현무 등 사신도가 그려진 멋진 벽화가 있었다. 영주여고 교정에는 수령 500년이 넘는 엄청나게 큰 느티나무가 있었는데 저녁에는 참새가 떼로 몰려와 장관을 이루었다. 우리 집은 터가 약간 높은 곳에 있었다. 밤에는 중앙선 열차의 먼 불빛이 집 앞 나무를 비추면 그림자가 영화처럼 집 벽에 드리워지곤 했다. 가족은 어머니와 여덟 살 위의 누님, 두 살 위의 누님, 그리고 나까지 단출하게 네 식구였다.

나라에 바친 나의 아버지

나는 아버지에 대한 기억이 없다. 아버지는 내가 태어난 지 8개월도 안 되어서 세상을 떠나셨기 때문이다. 초등학교에 다닐 때 어머니에게

"다른 집에는 아버지가 계시는데 우리 아버지는 어디에 계세요?" 하고 물어보았던 기억이 난다. 어머니는 그때 대수롭지 않은 듯 "미국에 돈 벌러 가셨다"고 하셨다. "아버지가 언제 오시냐?"고 물어보면 "돈 많이 벌어서 오시기로 하셨으니 기다려 보라"고 말씀하셨다.

그때 나의 철없는 질문이 어머니의 마음을 얼마나 아프게 했는지 짐작조차 하지 못했다. 나는 아버지가 정말로 미국에 돈 벌러 가신 줄 알고 어린 시절을 지냈다.

중학교에 입학하자 어머니는 처음으로 나를 아버지 산소에 데려가셨다. 중학생이 되었으니 이제는 사실을 알아야 한다고 생각하셨던 모양이다. 그리고 집으로 돌아와서는 아버지의 유품인 노트와 졸업앨범, 가방을 보여주셨다. 아버지의 노트에는 인쇄한 것처럼 깨끗하고 반듯한 글씨가 가득 채워져 있었다. 이후 어머니는 "네 아버지만큼만 하라", "아버지 없는 자식이라고 손가락질받지 않도록 몸가짐을 반듯하게 하라"고 말씀하시곤 하셨다.

아버지는 봉화군청 공무원이던 시절 무장공비들의 습격을 받고 돌아가셨다. 아버지는 안동 농림고등학교를 졸업한 후 농림기사로 공직생활을 시작하셨다. 1949년 6월 당시는 6·25전쟁이 일어나기 1년 전으로, 사회적으로 무척 혼란스러운 시절이었다. 아버지는 공비의 습격으로 피해를 입은 면민들을 긴급 구호하기 위해 양곡과 구호물자를 싣고 출장 가시던 중 봉화군 미륵재에 매복 중이던 무장공비들의 집중사격을 받았다. 그리고 서른한 살의 나이에 꿈도 제대로 펴보지 못하고 세상을 하직하신 것이다.

아버지의 위패는 봉화군청 뒷산 충혼탑에 모셔져 있다. 어린 시절 아버지는 원망의 대상이었다. 너무 일찍 떠나버린 아버지가 원망스러웠다. 그러나 철이 든 이후 나라를 위해 목숨을 바치신 아버지를 자랑스럽게 생각했다. 그리고 아버지의 못다 한 몫까지 내가 해내야 한다고 다짐하곤 했다. 아버지가 돌아가시자 어머니는 홀로 삼 남매를 키우셨다. 어머니는 바느질 솜씨가 일품이어서 바느질로 가족의 생계를 꾸려갔다. 우리 집안은 형편이 그리 넉넉하진 않았다. 그렇다고 빈궁한 것도 아니었다. 당시는 모두 어려운 시절이어서 세끼 밥을 제대로 못 먹는 집이 꽤 있었다. 우리 집은 끼니를 거를 정도는 아니었다. 큰누님은 안동사범으로 진학하여 일찍 교사 생활을 하면서 집안 살림을 도왔고, 작은누님도 학비가 전액 면제되는 간호대학으로 진학해서 간호사가 되었다.

학창시절 나의 꿈은 신문기자가 되는 것이었다. 영주에서 고등학교까지 다닌 후 나는 고려대학교 정경대학 신문방송학과에 입학했고, 사회의 목탁으로서 언론인이 되는 꿈을 키워갔다.

공직의 길, 운명의 길

인생을 살다 보면 때론 생각하지 못한 방향으로 운명의 흐름이 바뀔 때가 있다. 대학 4학년 때, 언론사에서 2주간 현장 실습을 할 즈음이었다. 당시 나의 멘토였던 〈동아일보〉 H 정치부장이 내게 "왜 신문기자가 되려고 하느냐?"고 물었다. 나는 "사회를 이끌고 나라를 변화시키는 언론의 힘 때문에 기자가 되고 싶다"고 했다. 그러자 H 부장은 "내가 만일

대학교 4학년이라면 행정고시에 도전하겠다. 국가의 실질적인 일들은 중앙부처의 고시출신 공무원들이 이끌어간다"고 말하는 것이었다.

그때는 이 말을 귀담아 듣지 않았다. 그런데 졸업을 앞두고 병역법이 바뀌었다. 나는 2대 독자여서 군 면제 대상이었으나 병역법이 바뀌자 면제 대상에서 제외되었다. 병역을 마치지 않으면 신문기자 시험을 볼 수 없게 된 것이다. 할 수 없이 신문기자의 꿈을 접고 학교 추천으로 광고대행사에 입사했다.

광고대행사는 초창기였고 아주 새로운 분야였다. 광고 분야에서 멋지게 새로운 길을 개척해보려고 했으나 1년이 지나자 하는 일에 회의가 밀려왔다. 당시 내가 다니던 회사의 최대 광고주는 '코카콜라'와 '환타'였다. 고려대 정경대학 학생회장을 지냈던 내가 평생을, 그것도 외국 기업의 이익을 위해 일해야 한다는 사실이 마음에 걸렸다. 결국 회사에 사표를 내고 행정고시를 준비하기 시작했다.

고시준비를 시작했지만 책상에만 앉아 있을 뿐 막상 공부는 되지 않았다. 워낙 어려운 시험이라 '자칫하면 백수가 되는 것 아닌가' 하는 불안감에 시달렸다. 1차 시험이 두 달 앞으로 다가왔다. 헌법, 행정법, 민법 총칙 등 생소한 과목이어서 책을 한 번씩 훑어보기도 바빴다. 시간이 없어 문제집만 달달 외웠다. 1차 시험은 보통 평균 80점 이상을 맞아야 합격할 수 있다. 영어가 50~60점이라면 다른 것은 90점 이상을 받아야 한다. 준비가 너무 부족했다. 시험을 치러봐야 안 될 것 같고 떨어지면 기만 꺾일 것 같았다. 시험 당일 포기하려고 했지만, 같이 공부하던 친구가 "시험을 치러봐야 자기 점수를 알 수 있다"고 해서 응시키로 했다.

합격은 기대하지도 않았다. 아무리 계산해봐도 80점에는 턱없이 부족했다. 그런데 기적처럼 1차 시험 합격자 명단에 내 이름이 포함되어 있었다. '쇠뿔도 단김에 빼라'는 말대로 2차 시험 준비에 몰두하고 있는데 입대 통지서가 날아왔다. 하늘이 원망스러웠으나 어쩔 수 없었다.

군복무를 마치고 2차 시험에 응시하여 제16회 행정고시에 최종 합격했다. 신문기자를 꿈꾸던 내가 운명적으로 공직의 길에 들어선 것이다.

국가적 현안을 다루었던 공직생활

나는 공직생활의 대부분을 현재의 기획재정부인 경제기획원에서 보냈다. 나라의 미래를 설계하고 국가의 중요한 정책을 결정하는 가장 핵심적인 부서인 경제기획원에서 근무할 수 있었던 것은 엄청난 행운이었다. 경제기획원은 우리나라 경제발전을 이끈 핵심 부처다. 경제기획원의 변천사야말로 우리나라 경제발전과 궤적을 같이했다고 말할 수 있다.

경제기획원 직원들은 스스로를 '맨땅에 헤딩하는 사람'이라고 농담반 진담반으로 말한다. 새로운 국가 현안이 생길 때마다 그것을 해결하기 위해 창의적인 정책을 개발해야 하기 때문이다. 나도 경제기획원에서 국가적 현안을 해결하기 위해 '맨땅에 헤딩'을 많이 해보았다.

중동발 2차 오일쇼크 파동으로 한 해에 물가가 40%씩 뛸 때에는 물가국에서 물가를 안정시키는 데 전력을 다했다. 당시에는 물가안정이 최우선 과제였기 때문에 경제기획원 물가국에서 주요 독과점 품목의 가격을 결정했다. 나는 기계, 전기, 전자 분야의 가격을 관리했다. 쉽게 말하면 TV, 냉장고, 자동차 등 재벌 그룹의 주요 공산품들의 가격을 결정하고 관리하는 업무로 바쁜 나날을 보냈다. 하루하루가 전쟁 상황이었다. 가격을 올리려는 독과점 업체를 설득해서 안정적 수준으로 관리하고자 하는 일은 쉬운 일이 아니었다. 밤을 낮 삼아 일하며 물가안정 기조가 정착되도록 나의 소임을 다했다.

1990년대에는 도로, 항만 등 사회간접자본이 부족하여 국가 발전이 한계에 부딪쳤다. 예산실 건설교통예산담당관으로 근무하던 나는 인천공항, 경부고속철도, 광양항 등 대형 국책사업이 제대로 수행될 수 있도록 예산을 적극 뒷받침해 주었다. 당시에 기획하고 시작했던 사업들이 완공된 모습을 보면 지금도 감회가 새롭다.

그중에서도 인천공항은 가장 보람 있는 사업이었다. 1990년초 인천공항을 기획할 때는 동북아의 허브 공항을 놓고 일본, 홍콩, 태국 등과 경쟁하고 있었다. 나는 인천공항을 세계 최고 공항으로 건립하기 위해 예산을 적극 지원했다. 최근 인천공항이 7년 연속 세계 1위 공항으로 자리매김한 것을 보면서 큰 보람을 느낀다.

2002년 한일 월드컵 당시에는 월드컵조직위원회 인력물자국장으로 일하면서 월드컵이 성공적으로 개최되도록 하였다. 당시 월드컵은 일본과 공동 개최했기 때문에 보이지 않는 경쟁을 해야 했다. FIFA(국제축구연맹)에서는 경기장 건설에서부터 자원봉사자 훈련, 경기운영 등 모든 면에서 우리나라가 일본에 비해 부족할 것으로 우려했으나 결과는 우리나라가 모든 면에서 일본을 압도했다. 온 국민이 월드컵 4강 진출의 기쁨을 함께 나누었던 기억이 지금도 생생하다.

2003년부터는 서울시 경영기획단장으로 일하면서 서울시 부채 1/2감축, 청계천 복원, 서울숲 조성, 서울시 교통체계 개편 등 굵직굵직한 일에 직·간접적으로 참여하였다.

영주시장에 출마하다

서울에서 생활하던 나에게 고향 영주는 언제나 정답고, 따뜻하고, 넉넉한 곳이었다. 그러나 언제부터인가 영주에 즐거운 마음으로 찾아갔다가 무거운 마음으로 돌아올 때가 점점 많아졌다. 영주 경제는 침체되어 있었고, 시가지는 블록 담장으로 가려진 회색 도시처럼 느껴졌다. 그때마다 영주를 위해 할 일이 없을까 생각해보곤 했다.

중앙부처의 공직생활에서 얻은 행정 경험과 노하우를 쏟아부으면 고향 발전에 도움이 될 것이라는 확신도 있었다. 그러나 선거를 치러야 하는 부담이 결단을 어렵게 했다.

선거라는 혹독한 통과 의례를 과연 내가 견뎌낼 수 있을까? 선거 과정을 거치면서도 본래의 내 모습을 지켜낼 수 있을까? 시민들이 고향 발전을 위한 나의 진정을 받아들여 줄까? 모든 것이 불확실했다.

집사람도 내가 선거 체질이 아니라는 이유로 시장 출마를 말렸다. 그러나 고향 영주는 나를 부르고 있었다. 고향 발전을 위해 모든 것을 쏟아붓는 것이 나의 소명이라고 생각했다.

2006년 3월 영주시장 선거에 뛰어들었다. 석 달도 안 되는 짧은 기간

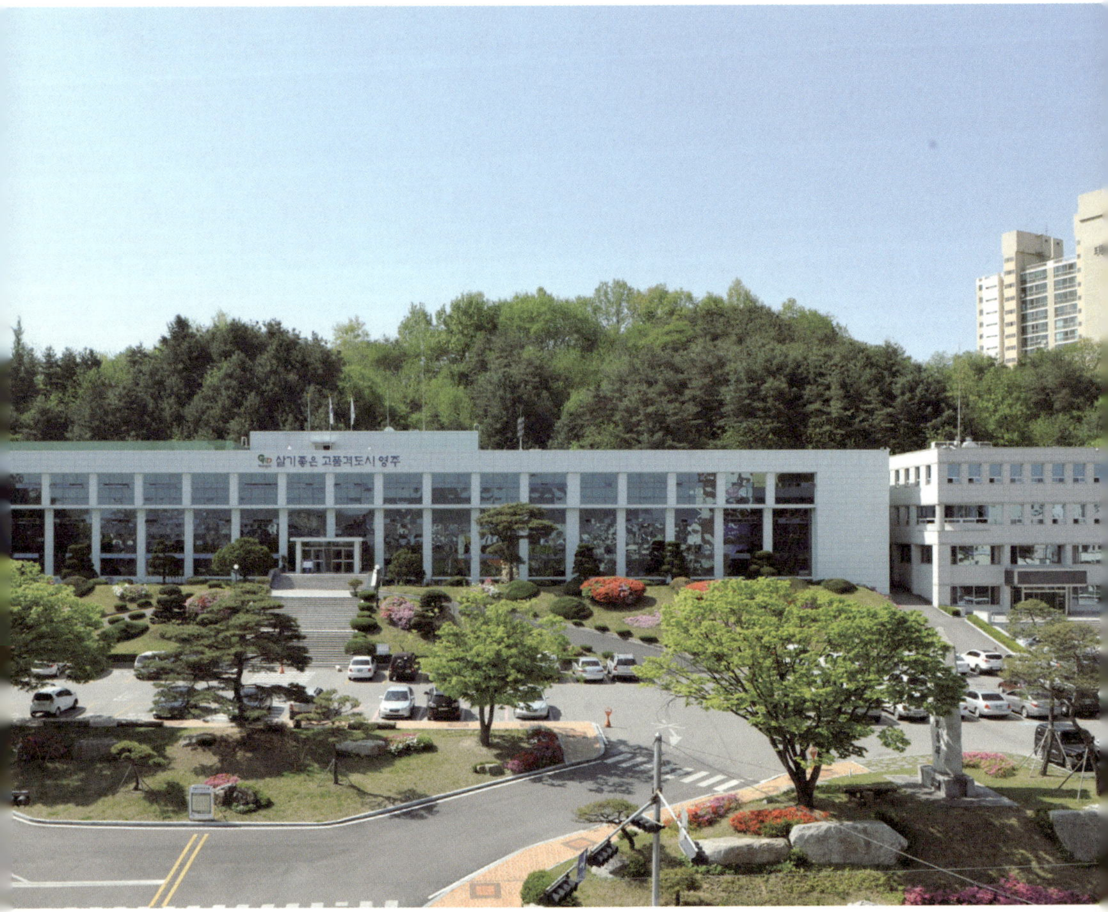

김주영 시장이 당선 후 제시한 영주시의 비전 '살기 좋은 고품격 도시 영주 Good & Different Yeong Ju'

이었지만 나의 진심을 알리기 위해 열심히 뛰었다. 일체의 네거티브 전략은 배제하고 영주를 위해 나만이 할 수 있는 일을 집중적으로 알렸다. 나의 비전에 공감한 시민들은 내게 당선의 기쁨을 안겨주었다.

시장에 당선된 후 영주시의 비전을 '살기 좋은 고품격 도시 영주', 영문으로는 'Good & Different Yeong Ju'로 정했다. 글로벌 시대에는 도시경쟁력이 국가 경쟁력이 된다. 나는 영주가 영주의 자연과 문화 역사를 담은 영주만의 길을 가야 진정한 경쟁력이 생긴다고 생각했다. 영주를 전국 지방자치단체 발전의 롤 모델로 만들기로 마음을 먹고 영주시만의 차별화된 전략으로 고품격 도시 영주를 만들기로 했다.

영주시가 지향하는 고품격 도시란 '풍부한 일자리와 격조 높은 문화, 쾌적한 자연환경이 어우러진 도시'를 의미한다. 고품격 도시가 되려면 경제, 문화, 예술, 교육, 농업 등 다양한 부분이 융합되어 발전되어야 한다. 그러나 도시 발전의 밑바탕은 경제다. '곳간에서 인심난다'는 말처럼 무엇보다도 경제적으로 넉넉해야 된다. 경제적으로 넉넉하려면 일자리가 많아야 하니까 일자리 창출을 최우선적으로 추진하기로 했다.

영주는 부석사, 소수서원과 같은 역사·문화적 자원을 갖고 있다. 따라서 이에 걸맞은 격조 높은 교육, 문화, 관광 도시로 발전시켜 나가기로 했다. 또한 영주는 소백산이라는 천혜의 자연환경을 갖춘 도시이다. 블록 담으로 가려진 회색도시를 좋아할 사람은 없다. 영주를 쾌적하고 디자인이 아름다운 녹색 도시로 만들어가야 한다는 목표를 세웠다.

임기 4년 동안 해야 할 큰 그림을 담은 중·장기적이고 체계적인 발전 계획 '비전 2010'을 수립했다. 이후 해마다 추진사항을 점검하면서 발전

계획을 업그레이드시키고 있다.

2010년 영주시장에 재선된 이후 나는 다시 '비전 2020'을 수립하고 영주를 '살기 좋은 고품격 도시'로 만들기 위한 나침판으로 삼고 있다. 한국 매니페스토 실천본부가 2013년 4월 발표한 민선 5기 기초단체장 공약이행 종합평가 결과 '2012년 연차별 목표달성' 분야에서 최고 등급(SA)을 받은 것도 이러한 노력이 가져다준 결실이라고 생각한다.

일자리는 최고의 복지다

도시가 지속적으로 발전하기 위해서는 무엇보다도 경제가 활성화되어야 한다. 개발 연대에는 정부 주도로 경제발전이 이루어졌으나 지금 경제 활성화의 주역은 기업이 담당하고 있다. 기업이 많이 있어야 일자리도 생기고 경제가 돌아간다.

그러나 우리나라는 수도권 중심의 불균형 성장으로 중소도시의 대부분은 기업다운 기업이 없는 것 또한 사실이다. 영주에는 다행히도 KT&G, 노벨리스코리아, OCI머티리얼즈(주) 등 대기업이 있고, 농공단지도 6개가 있었다. 그러나 자생력 있는 도시로 성장하는 데 필요한 일자리가 턱없이 부족한 것은 여타 중소도시와 다를 바 없었다.

일자리를 늘리려면 우선 기업 하기 좋은 여건을 만들어주는 것이 급선무였다. 기업이 들어와야 일자리도 생기고 경제가 활성화되기 때문이다. 시장에 취임하자 곧 바로 조직을 개편하고 일자리 창출을 위한 경제활성화팀과 투자유치팀부터 신설했다. 경제활성화팀은 기존의 기업이

영주시의 지속적인 발전과 일자리 창출을 위해 경제활성화팀과 투자유치팀을 신설해 기업 하기 좋은 여건을 만들면서 투자를 유치해나갔다. 그 예로 일진그룹과 MOU 체결(위)과 에어프로덕츠코리아와 MOU 체결(아래) 등이 있다.

수도권과 떨어져 있는 불리한 여건을 극복하기 위해 투자 기업에 대해 인센티브를 더 주고, 불편한 사항을
발로 뛰고 직접 해결하면서 유치한 일진그룹 (주)베어링아트

애로사항이 없도록 여러 가지 행정, 재정적 측면에서 도와주는 부서다. 경제활성화팀을 중심으로 기업이 피부로 느낄 수 있도록 서비스 체계를 개편했다.

1기업 1담당 도우미 제도도 시행했다. 도우미 공무원이 관내 기업들을 직접 찾아가서 애로사항과 건의사항을 듣고 이를 시책에 반영하도록 한 것이다. 공업용수, 진입도로 등 기반시설에 문제점이 있으면 적극적으로 해결해주었다. 일시적인 자금난으로 어려움을 겪는 기업에는 운전자금을 융자 지원하고, 지역 특산품인 풍기 인삼의 명품화 사업도 집중적으로 육성했다.

투자유치팀은 새로운 기업이 들어올 때 필요한 각종 행정지원을 원스톱으로 제공하도록 했다. 영주는 수도권과 떨어져 있어서 기업이 투자를 망설이게 되는 곳이다. 불리한 여건을 극복하기 위해 투자 기업에 대해 인센티브를 더 주고, 불편한 사항을 발로 뛰면서 직접 해결해주었다.

시간이 지나면서 지방 중소도시의 한계를 뛰어넘어 기업 하기 좋은 도시를 만들려 했던 효과가 서서히 나타났다. 기존의 기업들은 증설하기 시작했고, 새로운 기업도 적극적으로 투자를 시작했다.

2006년부터 2012년까지 약 2조 원의 투자를 유치했고, 7,700여 개의 일자리를 새로 만들었다. 대규모로 투자한 대표적 기업으로는 OCI 머티리얼즈(5,500억 원), 노벨리스코리아의 알루미늄 재활용센터(2,000억 원), 일진그룹 자동차 (주)베어링아트(3,000억 원) 등을 들 수 있다.

영주시의 인구는 지난 30년 동안 계속 줄고 있었다. 그런데 2010년과 2011년 두 해 동안에 영주시는 '인구 증가 도시'로 바뀌었다. 투자유치

효과가 나타난 결과다. 이어 영주시는 2012년 대통령 직속 국가경쟁력 강화위원회로부터 경제활성화 부문에서 가장 권위 있는 '섬김이대상'을 받는 영예를 안았다.

귀농·귀촌 1번지, 영주

영주는 전형적인 도농 복합도시다. 농업 인구는 약 2만 2,000여 명으로 전체 인구의 20%, 소득도 전체의 20%를 차지한다. 영주는 풍부한 일조량, 맑은 물, 마사토 토양을 갖추고 있어 농업 여건이 양호하다. 농민들도 열심히 일을 해서 소득도 다른 지방에 비해 높은 편이고, 사과와 인삼 등 우수한 농·특산품도 많다.

그럼에도 농업 현장에서 만난 농업인들은 '힘들어 죽겠다'는 사람들이 대부분이었다. 농업 현장을 지키는 젊은이는 찾아보기 힘들었고, 우루과이 협상과 FTA 체결 후 농산물 시장이 개방되면서 농업인들은 큰 위기감을 느끼고 있었다. 자신감과 희망을 심어주는 것이 무엇보다 시급했다. 나는 농업인들을 만날 때마다 "'죽겠다', '죽겠다' 하면 진짜 죽으니까(?) '살겠다', '살겠다' 해야 잘살 수 있다"는 말을 늘 강조했다.

농업이 살아나려면 부농들이 늘어야 한다. '농촌이 도시보다 생활수준이 떨어지지 않는다는 것'을 느끼게 해주는 것이 무엇보다 중요했다. 영주를 부자농촌으로 만드는 과제를 최우선으로 정한 나는 '억대 부농 육성 프로젝트'를 추진했다. 영주시에 억대 소득이 넘는 농가는 200여 호에 불과했으나(2007년) 2010년까지 1,000호 농가로 늘리겠다는 목표를 정했다.

이를 위해 ①친환경 고품질의 고부가 농업육성 ②농업 구조를 선진형 6차 산업으로 발전 ③농축산품 명품 브랜드 육성 ④유통 마케팅 활성화 및 기반구축 등의 과제를 중점적으로 추진했다.

농업인들에게는 도시생활의 팍팍한 실상도 알려주었다. 실제로 서울에서 연소득 1억이 넘는 사람은 100명 중 5명에 불과하다. 더불어 연소득이 1억 원이 넘는 이들도 평생 서울에서 번듯한 집 한 채를 장만하는 것도 쉽지 않다. 그러나 영주에서 연소득 1억을 올리면 2~3년 안에 집 한 채를 손쉽게 장만할 수 있다. 그만큼 생활의 질은 영주시가 훨씬 높다. 공개석상에 설 때마다 나는 다음과 같은 말로 농민들의 자부심을 심어주었다.

"앞으로는 돈을 벌기 위해 서울로 간 사람들도 다시 고향으로 돌아올 겁니다. 서울에 있는 처녀들이 영주 총각한테 시집오는 시대가 올 것입니다. 국내외의 저명한 미래 학자들이 '농업은 사양산업이 아닌 성장산업'이라고 주장하는 현실입니다. 농업인들도 이제는 미래 산업에 종사한다는 자부심을 가져야 합니다."

역대 부농 육성 프로젝트를 추진하면서 난관도 많았다. 매년 찾아오는 이상기후와 태풍으로 사과를 비롯한 과수 농가들은 어려움을 겪었다. 2010년에는 구제역이 전국적으로 확산되면서 우리 시에서만 216농가에서 6만 6,000마리의 소와 돼지가 도살 처분되는 아픔도 겪었다.

'억대 부농 육성 프로젝트' 가운데 하나인 영주의 다양한 농·특산물들

한·칠레 FTA, 한미 FTA가 체결되면서 농업기반이 붕괴될지도 모른다는 농축산 농가들의 우려도 커지고 있다. 그럼에도 부자농촌 만들기 사업은 서서히 성과가 나타났다. 2008년도에는 452호 농가가 억대 소득에 진입했고 2010년도에는 976호 농가가, 2011년도에는 1,253호의 농가가 억대 소득을 올렸다.

2011년 농수산식품부 통계에 따르면 전국에서 1억 원 이상 소득을 올리는 농가가 1만 6,722가구인 것으로 조사됐다. 이 중 영주에서 전체의 13%에 해당하는 1,253호 농가가 억대 소득을 올리며 '부자 농업인이 영주시에 가장 많다'는 명성을 얻었다.

2009년부터 2011년까지 3년간 전국 귀농현황을 조사한 결과 역시 가장 많은 사람들이 영주시에 귀농한 것으로 나타나, '영주시는 귀농·귀촌 1번지'라는 명성까지 얻었다.

걸어서 5분 안에 푸른 공원이 있는 도시

오늘 담장을 허물었다.

너와 나를 갈랐던 회색의 장막을

밖으로 뻗어가는 푸르른 꿈

안으로만 가두었던 단단한 껍질을

넓디넓은 이 터

잘게 쪼개 나누었던

단절의 성을 허물었다.

훤히 트인 새 터에 공원을 만들고,

푸른 꿈을 심었다.

철쭉도 심고, 매화도 심고,

소나무도 심고, 느티나무도 심고

오솔길도 만들고

정자亭子도 세웠다.

내일도 담장을 허물고

푸른 공원을 만들리라.

막혔던 바람이 시원스레 흐르고

닫혔던 마음이 다시 합쳐지고

온 도시가 녹색으로 바뀔 때까지

아름다운 공원을 만들고

푸른 꿈을 심으리라.

2009년 월간 〈문학세계〉 12월호에 실렸던 나의 자작시 〈푸른 꿈을 심으리〉 전문全文이다. 2006년 내가 영주시장이 되기 전만 해도 영주는 회색빛 도시였다. 학교와 공공기관은 대부분 시멘트 블록 담장으로 삭막한 모습을 하고 있었다. 영주 서천을 중심으로 흐르는 강물도 어릴 때 물장구치며 놀던 맑은 강물이 아니었다.

나는 먼저 영주시를 '걸어서 5분 안에 푸른 공원이 있는 녹색도시'로 만들겠다는 비전을 세웠다. 그리고 시내 곳곳의 방치된 땅을 숲과 공원으로 조성하는 사업을 시작했다.

도로공사, 초지조성, 개간 등 각종 공사 현장에 있던 나무들은 나무은행에 옮겨 심어놓았다가 공원 조성에 활용했다. 이렇게 해서 막대한 나무 구입 예산을 절감했고, 자원 재활용을 통해 대형 수목으로 어우러진 푸른 공원을 조성하는 등 일거양득의 효과를 거두었다.

시민회관부터 담장을 허물고 그 자리에 품격 있는 대형 소나무를 심었다. 시청과 경찰서, 교육청 등 공공기관도 담장을 없애고 공원을 조성

시내 곳곳의 방치된 땅을 숲과 공원으로 꾸며 새롭게 조성된 한정공원(위)
'걸어서 5분 안에 푸른 공원이 있는 녹색도시' 비전에 따라 생태 하천으로 탈바꿈한 서천(아래)

해서 시민들과의 거리를 좁혔다. 초등학교부터 대학교까지 시내 학교도 담장을 허물고 공원화하여 학생과 시민의 휴식 공간으로 만들었다.

또 시내 중심가를 실개천이 흐르는 '문화의 거리'로 바꾸었다. 노점상을 정비하고 전선을 지중화하는 한편, 간판을 깔끔하게 정비했다. 실개천도 만들고 소나무도 심었다. 환경이 개선되면서 복잡하고 무질서해서 사람들이 피해 다녔던 시내 중심 상가는 걷고 싶은 거리, 머물고 싶은 거리로 변했다. 도심에 사람들이 모여들자 상가도 자연스럽게 활기를 되찾았고, 지금은 다른 자치단체에서 벤치마킹을 하려고 자주 찾는 명소로 바뀌었다.

영주의 중심을 흐르는 서천도 생태 하천으로 바꾸었다. 초지조성 공사로 인해 당초 벌목하기로 계획되었던 소나무 300여 그루를 서천제방에 옮겨 심어 소나무 숲길을 조성했다. 서천변에 방치되어 있던 하천부지 1,500m²를 활용하여 '한정공원'을 조성하여 시민들이 즐겨 찾는 쾌적한 공간으로 바꾸었다.

영주시에서 대표적으로 주거환경이 열악했던 관사골, 신사골, 향교골도 주거환경 개선 사업을 추진하여 곳곳에 작은 공원과 쉼터를 만들었다. 소백산과 무섬마을 소수서원을 잇는 총연장 100리에 달하는 곳에는 자전거 탐방로를 만들었다.

소백산과 시민이 가까워질 수 있도록 생태관광 인프라도 대폭 확충했다. 소백산 자락길, 죽령옛길 탐방로를 조성하고, 멸종 위기종인 붉은 여우 복원센터도 조성하고 있다.

시내 곳곳에는 푸른 공원이 대폭 늘어났다. 2006년 당시 소공원이 96

'물 위에 떠 있는 섬'이라 하여 무섬마을이라 한다. 마을 내 고택과 정자들이 옛 모습 그대로 보존돼 있고, 지난 350여 년간 무섬마을을 이어준 유일한 통로인 외나무다리가 남아 있는 영주의 마을문화 유산이다.

개에 95,460m², 가로수는 1만 5,000 그루였던 것이 2013년 현재는 공원 318개소에 681,385m², 가로수는 199km에 2만 6,532 그루를 심어 도심지 곳곳이 푸른 녹지공원으로 탈바꿈했다. 푸른 공원은 시민들에게 많은 선물을 선사하고 있다. 철마다 형형색색의 꽃을 피워 시민들을 반긴다. 시원한 강바람에 흩날리는 솔향기는 상쾌함을 더해준다. 공원에서는 작은 문화행사도 수시로 열리고 있다. 시낭송회와 작은 음악회는 시민들에게 삶의 여유와 작은 행복을 안겨주고 있다.

영주의 녹지공원은 앞으로도 계속 늘어날 것이다. 나는 영주시를 '도시 속에 공원이 있는 도시가 아니라 공원 속에 도시가 있는 녹색도시 영주'로 계속 가꿔나갈 생각이다.

전국 유일의 글로벌인재양성 특구

2009년 2월 17일자 조간신문을 펼쳐 본 영주시민들이라면 모두들 뿌듯한 자부심을 느꼈을 것이다. 교육과학기술부가 발표한 '전국학업성취도평가'에서 영주시 중학교 3학년 학생들의 학력 수준이 전국 최상위권이며, 경북 도내에서는 당당히 1위를 차지했다는 기사가 1면 헤드라인을 장식했기 때문이다. 우리나라 최초의 사액서원이 있는 영주, 선비의 고장 영주에 걸맞은 성과를 거둔 것이다.

교육은 지역의 미래를 내다보는 창窓이자 국가의 백년대계라고 할 수 있다. 지방자치단체가 지역인재 육성에 힘써야 하는 것은 당연한 일임에도 우리나라에는 당연하지 않은 일이 되었다. 이는 우리나라가 지방자치제도를 도입하면서 교육 행정을 일반 행정으로부터 분리시킨 탓이다. 자치단체는 교육에 대해 어떠한 권한도 책임도 없다. 그러다 보니 관심도 없다. 중앙정부가 교육에 천문학적인 예산을 쏟아붓고 있지만 지방 일선 학교의 교육환경은 오히려 악화되고 있다.

실제로 2006년 시장이 된 후 돌아본 영주시내 각 학교의 교육환경은 충격적이었다. 영주에서 가장 역사가 오래되고 규모도 컸던 영주초등학교는 교실이 텅텅 비어 있었고, 운동장에 있는 수목들은 전혀 관리가 되지 않아 폐허와 같은 느낌을 주었다. 화장실도 비위생적이고 지저분하였다. 다른 학교들도 사정은 비슷했다. 이런 환경에서 자라나는 학생들이 제대로 된 꿈을 키울 수 있을까? 학생들의 정서는 메마를 수밖에 없을 것이라는 생각이 들었다.

교육환경을 획기적으로 개선하기 위한 계획을 세웠다. 최초의 사액서

원인 소수서원의 전통과 '선비의 고장' 영주에 걸맞은 학교를 만들겠다
는 중장기 계획이었다.

영주시는 2007년 전국 자치단체 중 유일하게 '글로벌 인재양성 특구'
로 지정을 받았다. 이에 2007년부터 2011년까지 5년간 총 240억 원을 들
여 학교 환경을 개선해나갔다. 예산이 넉넉하지 않았음에도 시는 교육환

경 개선에 중점 투자했다. 교육환경이 가장 열악한 학교부터 학교 공원화 사업을 시작했다. 학교 담장을 허물고 황폐한 교정의 수목을 교체하여 공원으로 조성했다. 화장실도 깨끗하고 아름답게 바꾸고, 학교급식 공간도 청결하고 위생적으로 꾸몄다. 학교 강당이나 체육관을 짓는 데도 과감히 투자하였다. 지난 6년간 지속적으로 교육환경개선 사업에 투자한 결과, 영주시내 각 학교의 교육환경은 획기적으로 바뀌었다.

폐교 직전까지 갔던 영주초등학교에 학생 수가 늘어나기 시작했다. 어두운 담장 밑에서 벌어지던 학교 폭력도 사라졌다. 학생들이 운동장에서 뛰노는 모습은 한 폭의 그림이 되었다. 시민들도 아침저녁으로 학교를 즐겨 찾으며 운동을 한다. 여성들은 어두컴컴한 저녁이면 무서워서 학교를 가지 못했다. 그러나 지금은 늦은 저녁에도 삼삼오오 짝을 지어 운동하는 여성들로 넘치고 있다. 학교 환경이 바뀌자 학교 주변 집값도 덩달아 올랐다. 학교가 학생들과 지역 주민 모두에게 즐거움을 주는 생활공간으로 완전히 바뀐 것이다.

'영주 영어체험센터' 등 4개의 영어체험센터를 만들었다. 각 학교의 빈 교실을 활용해 생활 속에서 영어를 자연스럽게 체험할 수 있는 공간을 만들었다. 원어민 교사 35명을 배치하여 영주시의 모든 초등학생들이 원어민과 어울리며 영어를 익힐 수 있도록 했다. 영어체험센터 조성과 원어민 교사 인건비는 전액 영주시에서 부담하고 운영은 영주 교육지원청에 맡겼다.

전국의 지방자치단체에서 영어체험센터를 만들면서 과도한 투자에 따른 운영상의 문제점이 많은 것으로 알고 있다. 그러나 영주의 영어체

각 학교의 빈 교실을 활용해 생활 속에서 영어를 자연스럽게 체험할 수 있는 공간으로 만든 영주 영어체험
센터는 다른 자치단체와 외국에서도 벤치마킹을 하고 있다.

권역별 영어체험센터(영일센터)

소수서원 인근에 있는 선비문화수련원에서는 매년 3만여 명의 학생과 일반인들이 선비정신을 배우고 있
다. 또한 미국·중국·일본 등 외국인들도 방문해 한국의 선비문화를 체험하고 있다.

험센터는 가장 모범적인 모델이 되고 있다. 비어 있는 학교 교실을 활용하여 영어체험센터를 만들어 투자비를 대폭 절감하였고, 영주시와 교육청이 역할을 분담하여 효과적으로 운영하고 있다.

덕분에 학생들은 글로벌 시대를 당당히 살아갈 수 있는 기초영어를 재미있게 익힐 수 있게 되었고, 학부모의 사교육비 부담도 자연스럽게 덜어지게 되었다. 영어체험센터는 개관 첫해부터 다른 자치단체와 외국에서도 벤치마킹 행렬이 줄을 잇고 있다.

영주에는 우리나라 최초의 사액서원인 소수서원이 있다. 이곳에서 조선을 이끈 선비 4,300여 분이 배출되었으니 선비정신을 갖춘 글로벌 인재를 양성하는 것은 우리 지역의 책무이기도 하다.

소수서원 인근에 선비문화수련원을 만들어 학생들은 물론 일반인들에게도 선비정신을 가르치고 체험할 수 있도록 했다. 매년 3만여 명의 학생, 일반인들이 선비정신을 배우고 체험하고 있으며 미국, 중국, 일본 등 외국인에게도 선비문화를 알려주고 있다. 방학 때에는 재미동포 학생들과 2중 언어를 사용하는 교육프로그램인 Bilingual Camp를 열어 자연스럽게 한국인의 자부심을 심어주고, 중국과 일본 학생들에게 한국의 선비문화를 알려주고 있다.

중앙부처의 경험을 지역 발전에 접목시키다

나는 공직생활의 대부분을 경제기획원에서 보냈다. 경제기획원은 우리나라의 중앙부처 중에서도 가장 핵심적인 부서로 정부의 주요 정책을 기획 조정하고 예산으로 뒷받침하는 곳이다. 이곳에서 국가 현안을 다루면서 일했던 경험은 중앙부처의 정책 흐름과 메커니즘을 꿰뚫어볼 수 있는 안목을 주었고, 영주시장으로서 국책사업을 추진하고 예산을 확보하는 데 커다란 도움이 됐다.

영주는 백두대간의 중심에 위치해 있다. 70~80년대에는 국가 발전의 축이 경부선 축을 중심으로 진행되었다면, 90년대 이후에는 U자형 해안 축을 중심으로 국책사업이 집중되었다. 반면 국토의 허리인 백두대간 축은 국가 발전의 중심축에서 제외되고, 백두대간 권역의 도시들은 과도한 규제로 오랫동안 낙후의 길을 걸어온 것이 사실이다.

백두대간의 풍부한 산림자원과 문화자산을 새로운 성장 동력으로 활용하여 지역 균형 발전의 길을 찾는 것이 시급했다. 특히 영주시는 전체 면적의 1/6이 백두대간에 포함되어 있어 풍부한 생태, 산림자원을 녹색 성장 시대에 맞게 활용하는 방안을 찾는 것이 절실했다.

국립 백두대간 산림치유단지 조성을 구상하고, 2007년에는 산림치유단지조성의 구체적인 그림을 완성했다. 2008년 국립 백두대간 테라피단지는 국가 균형 발전위원회에서 광역 경제권 선도 프로젝트로 선정되었고, 2010년 기획재정부가 타당성 검토를 완료하면서 본격적으로 사업이 추진되고 있다. 현재 산림청에서 총 1,598억 원의 사업비로 추진 중인 백두대간 산림치유단지는 한국형 산림치유의 허브가 될 것이다.

산림자원은 그동안 지역 주민에게 큰 도움을 주지 못했지만 산림치유단지로 변신하면서 보물단지로 탈바꿈할 것이다. 연간 20만 명의 이용객이 백두대간 산림치유단지에서 건강을 증진하고 심신의 질병도 치유하

산림치유단지로 변신하면서 보물단지로 탈바꿈하고 있는 소백산의 아름다운 숲길

고, 더불어 녹색 일자리 800여 개가 생기면서 지역경제도 함께 살아 날 것이다.

영주는 철도교통의 중심지이다. 중앙선과 경북선, 영동선이 교차하고, 70년대 중반까지 강원도 태백의 석탄 등 광산물은 영주를 거쳐 전국으로 수송되었기에 도시는 철도와 함께 발전했다. 그러나 태백선과 영동고속도로가 개통되고 경부고속철도가 운행되면서, 철도 도시로서의 영주시의 위상은 매우 낮아졌다.

나는 철도 서비스를 개선하여 새로운 수요를 만들고, 운행 시간을 대폭 단축해야 경쟁력이 생긴다고 관계기관에 지속적으로 강조했다. 서울에서 원주~단양까지 중앙선이 단계적으로 복선화되면서 운행 시간은 조금씩 단축되었다. 지금은 2006년 당시보다 한 시간이 단축돼 2시간 30분이면 서울에 갈 수 있게 되면서 철도 승객도 서서히 늘고 있다.

2010년에는 중앙선 철도고속화 방안을 국토해양부에서 공식적으로 발표했다. 3조 5,900억 원을 들여 중앙선을 고속 복선화하는 계획이다. 이 사업이 완료되면 2018년부터는 서울에서 영주까지 1시간 9분이면 닿을 수 있다. 철도 도시 영주의 철도 르네상스가 열리고 있다.

영주시에서 주도적으로 풍기역과 소백산역을 문화관광형 역사로 리모델링하는 사업을 추진하고, 철도 차량을 개조하여 철도 승객의 휴식장소로 만들었다. 코레일KORAIL에서도 영주에 관광사업단을 만들면서 백두대간눈꽃 열차와 같은 전국적으로 새로운 관광 서비스를 개발하여 운행하게 되었다. 중부내륙 순환 관광열차, 백두대간 협곡열차가 2013년 4월부터 운행을 시작하여 영주를 비롯한 중부내륙권을 찾는 관광객도 획기적으로 늘어날 것이다.

영주시 평은면 일대에는 영주댐 건설공사가 한창이다. 총 1조 1,215억 원이 투입되는 댐 공사가 진행되면서 이 일대는 말 그대로 상전벽해가 되고 있다. 돌이켜보면 1990년대 초반 댐건설 기본계획이 정부 차원에서 발표되자 몇 차례 지역 주민의 반대에 부딪치며 시행되지 못했다. 댐이 들어설 평은면 일대는 장기 개발계획을 수립하지 못하고 10년이 넘게 방치되고 있었다. 주민들 사이에서도 "차라리 이럴 바에는 지역에 도움

댐 건설 정책의 기본 방향을 변경해 주민의 찬성을 얻어낸 영주댐 건설 현장

이 되는 방향으로 댐을 제대로 개발하는 것이 낫지 않겠느냐”는 여론이 형성되고 있었다.

나는 기획재정부와 국토해양부 등 관계 부처에 “영주댐을 건설하려면 명품 댐으로 건설해야 지역 주민들이 동의할 것”이라고 설득했다. 그동안 국가에서 댐을 조성하면 지역 주민들은 과도한 규제를 받아 피해의식이 크므로 댐 건설 정책의 기본 방향을 바꾸어야 한다고 주장한 것이다.

2009년 6월 발표된 영주댐 건설 기본계획에는 종전에 볼 수 없었던 인센티브가 주어졌다. 주요 내용을 보면 댐 주변에서 반경 5km까지를 개발촉진 지구로 지정할 수 있는 근거를 마련하였고, 댐 일주도로 45km를 만들어 댐 주변을 관광자원으로 개발할 수 있도록 했다.

댐 건설로 수몰되는 지역 주민들에게는 이주 단지를 조성하고, 각종 문화재나 고가옥들은 한곳으로 모아 전통 문화재 단지를 조성하기로 했다. 인근 지역에는 친환경 농업 단지를 조성해서 농업 소득도 향상시킬 수 있도록 했다. 영주시는 총 2,500억 원을 들여 주변 정비 사업을 단계적으로 추진하고 있다. 댐 주변에 5만 평 규모의 오토캠핑장, 아시아에서 제일 긴 1,792m의 짚라인, 스포츠 단지 등 수변 레저 시설을 설치하여 명품 관광댐으로 조성해 나가고 있다.

영주댐 건설로 생기는 영주호는 비상하는 용의 모습을 빼닮았다. 영주댐으로 수몰되는 지역의 명칭 중에서 동호東湖라는 곳이 있다. 동쪽의 호수라는 뜻이다. 그뿐이 아니다. 댐이 들어서면 자연적으로 형성되는 섬이 있는데 용의 눈龍眼에 해당되는 그곳의 지명이 용혈龍穴이다. 그러고 보면 먼 옛날 이곳에 댐이 들어설 것을 예견하고 마을 이름을 정한 선조들의 혜안이 놀라울 뿐이다.

영주시 순흥면 일대에는 한국문화테마파크 사업이 추진되고 있다. 총 사업비 1,565억 원이 투입되는 사업으로 한국의 선비문화를 세계화시키는 중심지가 될 것이다. 영주시가 보유한 역사문화 자산과 한국문화를 체계적으로 정비하여 관광객들이 체험하고 배울 수 있는 테마파크를 구상해 차근차근 추진하고 있다.

2009년부터 추진한 이 사업은 2013년 착공해서 2015년에 완공될 예정이다. 이곳에는 한옥, 한식, 전통음악 등 산재된 한국문화와 선비문화를 집적하여 콘텐츠를 구성함으로써 한국의 선비문화를 세계적으로 알리는 대표적인 명소로 거듭 날 것이다.

우문현답

나는 매일 아침 현장을 돌아본다. 시내 곳곳에서 벌어지는 공사 현장 그대로의 모습을 보기 위해서다. 현장을 볼 때마다 "우리의 문제는 현장에 답이 있다"는 '우문현답'의 진리를 절실하게 경험한다. 공사 중에 문제가 발견되면 즉시 개선하도록 조치를 한다. 문제를 덮고 그대로 진행하면 나중에 더 큰 문제가 생기고 보수비용도 훨씬 많이 든다.

한정공원을 조성할 때의 일이다. 공사를 한참 추진하고 있는데 마을 주민들로부터 민원이 들어왔다. 공원 가운데로 뚫린 길이 너무 낮아 운전자의 시야를 가려 교통사고가 발생할 가능성이 크고, 배수로가 제대로 연결되지 않아 배수에 문제가 있다는 것이었다. 현장에 가보니 구조적인 문제가 있었다. 도로를 성토해서 1~2m 높이고 배수로를 보완하도록 조치하였다. 공사가 완공되자 한정공원은 시민들이 즐겨 찾는 휴식 공간으로 사랑받고 있다.

현장에 가면 일의 결과도 정확히 확인할 수 있다. 시민의 입장에서 불편함이 없는지, 사업 목적이 제대로 달성되었는지, 개선할 점이 없는지 확인하는 것도 현장에서만 가능한 일이다.

한번은 공사 현장을 답사하고 있는데 동네 아주머니가 와서 "자기 집에 가보자"고 한다. 아주머니 집 앞으로 도로가 생긴 이후 하수도가 막혀 물이 빠지지 않는다는 것이다. 현장을 보니 도로 공사를 하면서 마무리를 잘못한 것이 확인되었다. 즉시 담당 부서에 도로를 보완하도록 하여 하수가 원활하게 흐르도록 조치했다.

건축물이나 도로 설계를 할 때에는 반드시 현장에 가보고 주변 건물과 조화가 되도록 해야 한다. 그러나 간혹 현장에 가보지도 않고 건축물을 설계하는 경우도 있다. 영주초등학교의 낡은 화장실을 허물고 새로운 화장실을 만드는 설계도면을 보니 건물이 길을 막고 있어서 차가 통행할 수 없게 되어 있었다. 설계 회사에게 "현장을 가보았느냐"고 묻자 "가보지 않았다"고 하기에, 당장 현장을 반영하여 화장실 위치와 배치 방향도 조정하도록 했다. 도로나, 건물 건축뿐만 아니라 공원 조성에도 현장 방문은 필수다. 똑같은 나무를 심어도 심는 장소나 심는 방향에 따라 분위기가 완전히 달라질 수 있다. 돌을 하나 놓을 때에도 위치나 방향에 따라 격이 완전히 달라지는 경우는 얼마든지 있다.

나는 공사 현장에 가면 먼저 상상력을 동원하여 완성된 후의 모습을 머릿속에 그려본다. 그리고 가급적 시간을 많이 내서 충분히 살펴보면 답이 보인다. 현장을 다니면 시민들의 솔직한 의견을 많이 들을 수 있다. 사소한 생활의 불편사항을 고쳐 달라고 할 때도 있고, 공사 현장의 문제점에 대해 지적할 때도 있다. 현장을 알고 있는 시민들의 지적사항은 타당한 경우가 많아 귀담아 듣고 반영하려고 노력한다. 현장은 말한다. 현장에 가보지 않고는 현장의 말을 제대로 들을 수가 없다고. 그래서 나는 현장의 말을 들으러 오늘도 현장을 찾는다.

제가 바로 영주시장입니다

나 하는 꽃 피어

풀밭이 달라지겠냐고

말하지 말아라

네가 꽃피고

나도 꽃피면

결국 풀밭이 온통

꽃밭이 되는 것 아니겠느냐

나하나 물들어

산이 달라지겠느냐고도

말하지 말아라

내가 물들고

너도 물들면

결국 온 산이 활활

타오르는 것 아니겠느냐

조동화 시인의 시 〈나 하나 꽃 피어〉의 전문이다. 2007년 3월 정례조회에서 나는 이 시를 소개하며 영주시청 직원들에게 '제가 바로 영주시장입니다'라는 문구를 각자의 명함에 넣도록 했다. 그리고 업무를 수행할 때 시장의 입장에서 책임감과 사명의식을 가지고 처리해줄 것을 당부했다. 처음에는 직원들도 어리둥절해하고 망설였지만 차츰 '제가 바로 영주시장입니다'라는 명함을 쓰기 시작했다.

한 사람이 꿈을 꾸면 단지 꿈에 불과하지만, 만인이 꿈을 함께 하면 그 꿈은 현실이 된다. 영주시의 시정 비전을 정하는 것은 시장의 몫이다. 그러나 이를 구체적으로 집행하고 실천하는 사람들은 결국 공직자 한 사람

한 사람의 몫이다. 시장의 비전도 전 직원들이 공유해야 영주가 바뀐다. 그래서 명함에 '제가 바로 영주시장입니다'라는 문구를 쓰게 한 것이다.

나는 공직생활을 하는 동안 내가 처리하는 일을 최소한 장관의 입장에서 생각하고 결정하려고 노력해왔다. 경제기획원 초년병 시절 종종 관계 부처와 마찰이 생겼다. 상대 부처의 간부는 자기 부처 장관이 결정한 사항을 경제기획원 사무관이 다시 이래라저래라 하는 것이 자존심이 상했던 모양이다. 그러나 나는 '경제기획원 사무관은 부총리다'라고 응수하곤 했다.

경제기획원 장관은 부총리의 입장에서 경제 전반을 살피기 때문에 개별 부처와 의견이 다를 수 있다. 따라서 경제기획원 사무관이 자기 업무에 관한 한 부총리로부터 권한을 위임받아 부총리의 입장에서 업무를 처리하는 것은 당연한 것이다.

영주시의 경우도 마찬가지다. 영주시에서 결정되는 모든 사항은 시장의 이름으로 처리되지만 국장, 과장의 전결로 결정되는 경우도 많다. 단순 업무는 담당자의 선에서 처리되는 경우도 많다. 공무원 한 사람 한 사람이 시장의 입장에서 책임감을 가지고 창의적인 생각으로 업무를 처리해야 시의 정책에 일관성이 유지된다.

직원들의 명함에 '제가 바로 영주시장입니다'라고 적자 시청 직원들이 업무에 임하는 태도가 많이 달라졌다. 시키는 일만 하던 직원들도 스스로 일을 찾아서 하게 되었다.

영주시가 많이 달라졌다는 말을 들을 때마다 시청 직원 한 사람 한 사람에게 고마움을 느낀다. 영주에는 시장이 1,000명이 있다. 시청 직원 한 사람 한 사람 모두가 시장이기 때문이다.

내 고향 영주에 바친 아내

나는 시를 좋아한다. 좋아하는 시 중의 하나는 오마르 워싱턴의 〈나는 배웠다〉라는 작품이다. 이 시에는 세상을 사는 지혜가 고스란히 녹아 있어 때때로 이 시를 읽으며 마음을 다잡곤 한다. 영주에는 시 동호인이 많다. 나도 가끔 시낭송 모임에 참여하여 좋아하는 시를 낭송하곤 했다.

지난해 어느 시 낭송 모임에서 〈나는 배웠다〉를 낭송하다 눈물이 왈칵 쏟아졌다. '가장 사랑하는 사람이 너무 빨리 떠날 수도 있다는 것을 나는 배웠다'라는 대목에서 목이 멘 것이다. 내가 가장 사랑하던 아내는 너무 빨리 그것도 너무 허망하게 떠났다. 나는 사랑한다는 말 한 마디도 전하지 못하고 허망하게 아내를 떠나보냈다.

아내 최영숙과는 꿈 많던 시절 친지의 소개로 만났다. 나는 경제기획원 사무관으로 일할 때였고 아내는 연세대 세브란스병원에서 레지던트로 근무할 때였다. 아내는 눈망울이 크고 마음이 여린 여자였다. 1년 반 정도 사귀면서 서로를 이해하게 되었고 결혼으로 이어졌다. 결혼한 후 아내는 힘든 레지던트 생활에 시어머니를 모시고 아이들도 키워야 했다. 그래도 꿋꿋이 견뎌내면서 전문의가 되었고, 의학박사 학위도 받았다. 건국대 의대 교수로 임용된 후에는 의대 학생들을 가르치는 역할까지 감당했다. 박봉의 월급을 탓하지 않으면서 집안 살림도 도맡아 처리했다.

나는 무심한 남편이었다. 힘든 생활을 하는 아내에게 따뜻한 말 한 마디조차 못해주는 남편이었다. 아내는 항상 나를 앞세웠고 자기는 뒤에 있었다. 내가 영주시장 출마를 결심할 때에도 처음에는 반대했지만 나중에는 나보다 더 열심히 선거운동을 했다. 내가 시장이 된 후 아내는 더 바빠졌다. 아내는 건국대 의대 교수로 근무하면서 진단검사의학 과장을 겸임하고 있었다. 주중에는 서울에서 환자와 학생을 번갈아가며 살피고 가르쳤고, 주말이면 영주에 내려와서 나를 도와주었다.

2008년 9월 17일, 그날도 아내는 영주에서 열리는 선비문화축제에 참석하려고 서울에서 내려왔다. 아내는 감기몸살로 몸이 불편하다고 했다. 몸은 약해 보이지만 한 번도 앓아누운 적이 없었기에 대수롭지 않게 생각했다. 그날 행사를 마치고 늦게 집에 돌아와 보니 아내는 "너무 피곤하고 힘들어서 병원에서 링거 주사도 맞고 감기약도 먹었다"고 했다. 다음 날 아침에도 피곤한 몸을 이끌고 축제장으로 나갔다. 그날 저녁 아내는 마지막 행사인 한복 패션쇼에 참가하려고 분장을 하던 중 몹시 괴로워하며 고통을 호소했다. 곧바로 인근 안동병원으로 후송이 됐다. 그때까지도 사태의 심각함을 모르고 한복 패션쇼에 참여하고 있는데 안동병원에서 전화가 왔다. "지금 급하게 수술을 해야 하니 보호자가 있어야 한다"는 것이었다.

놀라 달려가니 아내는 나를 향해 미소를 지었다. 내심 안도하고 있는 내게 담당의사는 "급성 심근염으로 혈압이 급하게 떨어지고 있어 생명이 위독하다"면서 1시간 안에 큰 병원으로 옮겨야 한다는 말을 전했다.

마른하늘에 날벼락이라는 말을 처음으로 실감했다. 아내에게 어느 병원으로 가는 것이 좋겠냐고 물으니 "나를 건국대병원으로 보내달라"고

했다. 그 말이 아내가 나에게 한 마지막 말이 될 줄은 몰랐다.

의사는 아내가 몹시 위독한 상태이며 서울까지는 3시간, 안동에서 대구까지는 1시간 거리이니 대구의 대학병원으로 가는 것이 안전하다고 말했다. 경북대병원으로 긴급 후송된 아내는 바로 심장혈관내과의 집중 치료실에서 응급 치료를 받았다. 위급한 사태는 지났다고 안도의 한숨을 쉬고 있는데 의사가 긴급히 나를 찾았다. 심장 박동이 너무 약하고 혈압이 많이 떨어져 위험하니 급히 수술을 해서 인공심장 박동기로 혈압을 유지시켜야 한다는 것이었다. 수술의 고통이 너무 크니 전신 마취를 해야 한다는 것이었다. 동의해줄 수밖에 없었다.

수술 후에도 혈압이 정상 수치를 벗어나면 수시로 비상이 걸리는 피 말리는 상황이 이어졌다. 아내는 급성 심근염과 싸우고 있었다. 감기바이러스가 심장 근육에 염증을 일으켜 심장의 박동이 급격히 떨어져 있었다. 심장 근육의 염증이 치료되는데 일주일에서 열흘 정도 걸린다고 했다. 인공수혈의 부작용을 이기고 뇌를 비롯한 모든 신체 기관의 심근염이 치료될 때까지 버텨줄 수 있는지가 문제였다. 나는 아내가 급성 심근염과의 싸움에서 이길 것으로 믿고 있었다. 아내는 가녀리게 생겼지만 강단이 있어 한 번도 앓아누운 적이 없었다. 매일 기도하며 아내에게 힘내라고 마음속으로 외쳤다. 한때 심장 박동 상태가 다소 호전되는 듯도 했지만, 아내는 열하루 만에 영원히 돌아오지 못할 곳으로 떠나고 말았다.

평소 '여보'라는 말 한 마디 다정하게 건네지 못하고 '사랑한다'는 말 한 마디 제대로 건네지 못한 나를 두고 유언 한 마디 없이 떠난 아내. 가장 사랑하는 사람이 너무 빨리 떠날 수 있다는 것을 나는 너무 늦게 배웠다. 지금도 아내 최영숙을 생각하면 아무것도 못해준 못난 나를 꾸짖는 통한이 아프게 다가온다.

나의 인생철학, 일신우일신

경제기획원에 근무할 때의 일이다. 하루는 장관과 간부들 여럿이서 '현직에서 물러나면 무엇을 하고 싶은지' 토론이 벌어졌다. 그때 J장관은 서슴없이 "고향으로 돌아가 군수를 하고 싶다"고 말했다. 수구초심首丘初心이랄까, 많은 분들이 고향을 위해 일해 보고 싶다며 동의했다. 그런 의미에서 나는 행운아다. 고향 영주 발전을 위해 이렇게 일하고 있는 자체가 기쁨이다. 내 이름이 김주영이다 보니 처음 만나는 분들도 '영주시장을 하라고 부모님이 이름을 잘 지어주셨다'고 말하곤 한다. 나도 내 이름처럼 '영주를 멋지게 바꾸어놓는 것'이 소명이라고 생각한다.

나는 고향 영주시를 고품격 도시로 발전시키는 길을 늘 찾고 있다. 앞으로 100년 뒤 고품격 도시 영주의 모습을 그려 보면서 매일 벽돌 한 장씩을 놓는 심정으로 일하고 있다. 때로는 무엇이 지금 이 시점에서 해야 할 일인지 확신이 서지 않는 경우도 있다. 어제의 정답이 오늘에는 정답이 아닌 경우가 많기 때문이다. 매일매일 자기 자신을 새롭게 하면서 영주가 가야 할 길을 찾아야 한다. 그래서 나는 일신우일신日新又日新을 좌우명으로 삼고 이를 실천하려고 노력하고 있다.

공자는 '세 사람이 길을 가면 그중에는 반드시 스승이 있다'고 했다.

그런 의미에서 주변에서 나를 가르쳐주는 좋은 친구를 갖고 있는 것도 큰 기쁨이다.

'연못에 돌멩이를 던지면 그 돌에 맞아 죽는 개구리가 있다.' 공직을 처음 시작할 때 한 친구가 나에게 해준 말이다. 공직을 수행할 때 뜻하지 않게 피해를 보는 사람이 없도록 해야 한다는 이야기일 것이다. 그 가르침처럼, 나는 공직생활을 하면서 눈에 보이는 것뿐 아니라 눈에 보이지 않는 부작용은 없는지 늘 살피곤 한다.

고등학교 다닐 때 한 친구와 최영장군에 대해서 이야기한 적이 있다. 그 친구는 '황금을 돌같이 보라'는 최영장군의 가르침은 잘못이라고 주장했다. 나는 "보통 사람에게 '황금을 돌같이 보라'는 것은 무리가 있으나 공직자는 당연히 황금을 돌같이 보아야 한다"고 말했다.

공직의 길을 걸으며 청렴이 얼마나 중요한지를 실감한다. 아무리 유능하더라도 청렴하지 않으면 올바르게 일을 수행할 수 없다. 나는 청렴을 공직자의 최대의 덕목으로 생각하고 몸가짐을 깨끗하게 하려고 노력한다.

또한 원칙을 지키는 삶을 살아가고자 한다. 비록 손해를 보더라도 원칙을 지키고 견리사의見利思義를 되새기며 올바른 길을 걷고자 노력한다. 바보같이 우직하게 내가 가야 할 길을 묵묵히 걸어가려고 한다. 그러나 나 자신을 돌아보면 항상 부족함을 느낀다. 인생의 여정이 끝날 때 51점짜리 인생으로 평가받는 것이 최종 목표다. 49점짜리 인생은 세상에 나쁜 영향을 준 사람이고 51점짜리 인생은 조금이라도 세상을 좋은 방향으로 개선한 사람이라고 생각한다.

아트파크(위)와 인삼 박물관(아래)

내가 꿈꾸는 영주시

영주시장으로 일한 6년여 동안 열심히 뛰었다. 영주시도 고품격 도시로 많이 변화하였다. 기업 하기 좋은 도시라는 명성도 얻었다. 영주의 미래 성장 동력인 백두대간 산림치유단지, 중앙선 고속복선화, 한국문화테마파크 등 대규모 국책 사업도 본격적으로 추진되고 있다.

글로벌 인재 양성 특구에 걸맞게 영주시의 교육환경도 엄청나게 달라졌으며, 2년 연속 관광의 별에 선정되는 등 '문화관광 도시'로 변모했다. 부자농촌 만들기 정책도 성공적으로 추진되고 있다. 디자인이 아름다운 녹색도시로도 확실히 변모하고 있다.

그러나 내가 꿈꾸는 '고품격 도시 영주'는 아직 완성형이 아니라 현재 진행형이다. 앞으로도 계속해서 이루어 나가야 할 이상향의 도시일 수도 있다. 내가 반드시 추구해야 될 영주시의 미래상이기도 하다. 나는 영주시를 풍부한 일자리, 격조 높은 문화, 쾌적한 자연환경이 어우러진 '고품격 도시'로 만드는 꿈을 갖고 있다.

한 가지 더 바란다면 영주의 선비정신이 새로운 시대정신으로 자리 잡는 것이다. 지난 반세기 동안 우리나라는 세계가 놀랄 경제발전을 이룩했다. 그러나 지금 우리는 물질만능주의에 빠져 정신적 가치는 등한시한 결과 심각한 도덕적 해이에 직면해 있다.

물질적 풍요에도 불구하고 사람들의 심성은 피폐해지고 행복도는 오히려 낮아지고 있다. 무너진 정신문화를 살리고 국민이 행복한 선진국으로 이끄는 시대정신은 선비의 고장, 영주에서 그 길을 찾아야 할 것이다.

삼국통일의 혼란한 시대를 아우른 화엄사상이 발원한 영주, 동방 성리

학의 비조인 안향선생이 태어나고 조선 500년을 설계한 민본사상가 정도전 선생이 태어난 곳, 선비의 산실인 소수서원이 있는 한국 정신문화의 뿌리, 이곳에서 새로운 시대정신을 꽃피우고 싶다.

영국은 신사도 정신, 미국은 개척자 정신, 일본은 사무라이 정신으로 선진국이 되었다. 나는 영주의 역사에 고스란히 녹아 있는 '선비정신'이 우리나라를 진정한 선진국으로 이끄는 시대정신으로 자리매김하기를 바란다.

한국 정신문화의 뿌리인 영주를 '세계에서 한국의 선비문화를 보고 배우러 오는 도시'로 만들고 싶다. 나의 궁극적인 꿈은 내 고향 영주가 우리나라를 진정한 선진국으로 가는 길을 밝히는 도시이자, 한국문화를 세계화하는 중심 도시로 자리매김하는 것이다.

한강의 기적을 넘어, 세계를 휩쓰는 한류 열풍을 넘어, 영주의 선비문화가 세계에 회자될 때 고품격 도시 영주의 꿈도 함께 이루어질 것이다.

김주영 영주시장

1948년 10월 12일 경상북도 영주시 출생

학력		
	1972. 02	고려대학교 정경대학교 신문방송학과 졸업 (제10대 정경대학 학생회장)
	1984. 05	미국 미시간대학원 졸업(경제학석사)

경력		
	1974. 12	제16회 행정고등고시 합격
	1975. 03. 17	행정사무관 임용(총무처)
	1976. 05 ~ 1977. 02	국무총리실(행정개혁위원회)
	1977. 02 ~ 1982. 08	경제기획원(물가정책국, 경제협력국, 심사분석국)
	1982. 08 ~ 1984. 05	미국미시건대학원 국비유학(경제학 석사)
	1984. 05 ~ 1988. 02	경제기획원(공정거래실)
	1988. 02 ~ 1990. 07	부총리 비서관(서기관)
	1990. 07 ~ 1993. 03	경제기획원 예산실(교통체신예산담당관)
	1993. 03 ~ 1994. 02	대통령비서실 행정관(사회간접자본투자기획단)
	1994. 02 ~ 1997. 01	경제기획원 예산실(건설환경예산담당관)
	1997. 01 ~ 2000.11	재정경제원 예산실 교육문화예산담당관(부이사관)
	2000.11 ~ 2003. 04	기획예산처 월드컵조직위 인력물자국장 대구·울산 운영본부장
	2003. 04	기획예산처 이사관
	2003. 05 ~ 2006. 03	서울특별시 경영기획단장
	2006. 07 ~ 2010. 06	민선4기 영주시장
	2010. 07 ~ 현재	민선5기 영주시장

상훈		
	1986. 12	우수공무원 표창(국무총리)
	2002. 11	홍조근성훈장(대통령)

장흥군수

이명흠

리더의 생명과 가치는 올바른 판단력에 있다.
긍정적인 생각과 적극적인 행동으로 참고 인내하면 반드시 승리한다.

세상의 가치가 자신의 영달과 부, 그리고 편안함을 추구하는 요즘 사회에서 밀알의 희생을 자처하는 사람이 얼마나 있을까. 그럼에도 음지에서 소리 없이 한 알의 밀알을 실천하는 사람이 있다면 아마 공직자일 것이다. 지방 도시가 이만큼이라도 유지되고 발전되는 것은 그 지역에서 묵묵히 일하는 공무원들의 희생과 봉사가 있기 때문이다.

공직자로서의 성공비결이 있다면 '긍정적인 생각'과 '적극적인 행동'을 꼽을 수 있다. 그런 면에서 리더십도 중요하지만 더욱 중요한 것은 팔로워십이다. 팔로워십은 전체적인 조직문화를 따라가는 것이다.

정남진과 물, 산을 장흥군의 대표 이미지로 발전시켜 장흥의 대표 축제로 만들어낸 정남진 물축제는
회를 거듭할수록 다양한 프로그램으로 관광객들을 사로잡고 있다.

유년시절의 서글픈 기억

장흥의 물과 숲은 자연이 준 최고의 선물이다. 장흥군에는 산이 병풍처럼 펼쳐지고, 계곡에는 맑은 물이 넘쳐난다. 장흥은 북쪽으로 나주와 화순, 서쪽으로는 영암과 강진, 남쪽으로는 완도, 동쪽으로는 보성, 고흥과 경계를 이룬다.

나는 해방 후 4년 뒤인 1949년 장흥군 장동면 용곡리 두룡마을에서 태어났다. 두룡마을은 제암산의 맑은 물이 흘러내리는 산간농촌이다. 마을 앞으로는 뜰이 펼쳐져 있어 풍요로움이 넘쳐나는 곳이다.

6·25전쟁이 발발하자, 깊은 산중에 있던 평화로운 두룡마을에도 반란군이 득시글거렸다. 그 와중에 아버지마저 행방불명이 되자 우리 가족은 어머니의 친정 마을인 관산읍 삼산리 산서마을로 이사했다.

겨울이면 초등학교에 입학하기 전부터 외가 가까운 산으로 땔감에 쓸

산이 병풍처럼 펼쳐지고, 맑은 물이 넘쳐나는 계곡이 있는 장흥군

갈퀴나무를 하러 다녔다. 갈퀴나무를 한 구덕 가득히 지고 오면 어머니는 "오메 내 새끼" 하면서 칭찬해주셨다.

관산남초등학교에서 4학년을 마쳤을 때 어머니는 광주로의 이사를 결정했다. '자식을 잘 가르치려면 도시로 가야 한다'는 광주에 살던 외갓집 사촌형의 권유를 받고 나서였다.

내가 전학을 간 서석초등학교는 광주에서도 가장 큰 학교였다. 5학년 학급 수가 17개 반이나 됐고 한 학급의 학생수가 90명이 넘었다. 선생님도 전에 다니던 관산남초등학교 학생 수만큼이나 많았다.

지금도 잊히지 않는 서글픈 기억은 내 짝꿍과 벌어졌던 도시락 사건이다. 우리 집은 매우 가난했다. 당연히 내 점심도시락 반찬은 항상 희멀건 김치와 김치 속에 넣은 짠 무가 전부였다. 반면에 짝꿍은 늘 계란말이에 김치도 싱싱한 새 김치를 유리병에 담아와 먹곤 했다.

그러던 어느 날 하루는 짝꿍이 내 도시락을 엎어버렸다. 눈 깜짝 할 사이에 벌어진 일이었다. 반찬 냄새가 하도 지독해서 밥을 먹을 수 없다는 것이었다. 참으로 서글펐다.

그래도 다행인 것은 서석초등학교에서 내가 중상 수준의 성적을 유지했다는 사실이다. 당시 시골학생들이 도시학교로 전학을 오면 대부분 성적이 반에서 꼴찌를 맴돌았다. 그런데도 나는 성적을 중간 이상 유지해 담임선생님의 특별한 칭찬을 받았다.

6학년 때에 90명 중에서 20등 안에 들자 담임선생님은 광주서중에 시험을 칠 것을 권했다. 그때는 교과서를 펴놓고 시험을 치렀는데 교과서의 응용문제를 제대로 풀지 못해 낙방하고 말았다. 대신 후기로 응시한

북성중(당시 북중학교)에는 우수한 성적으로 합격했다. 합격자 발표가 나던 날 중학교 담벼락에 붙은 내 수험번호를 확인하고 너무 기뻐서 집까지 10리 길을 한 번도 쉬지 않고 뛰어갔다. 합격했다는 말을 듣고 무척이나 기뻐하시던 어머니의 모습이 지금도 눈에 선하다.

어머니는 한복집에서 바느질을 해주고 받은 품삯으로 생계를 꾸리며 우릴 가르치셨다. 우리 집 근처에는 남도극장이 있었는데 이곳에서 극단 공연이 종종 열렸다. 어머니는 공연을 보는 것을 특히 좋아하셔서 이따금 나도 따라가곤 했다. 중학교 2학년 때에 〈모란이 피기까지는〉이라는 한국영화를 혼자서 보러간 적이 있다. 여주인공은 태현실이었는데 이 영화를 보고 큰 충격을 받았다. 지금 생각해보면 그저 흔한 영화로 상류층의 단란한 가정을 다룬 내용이 전부였다. 하지만 그 당시에는 영화를 보면서 영화 속 주인공의 환경과 나의 환경에 너무 차이가 난다는 사실에 한동안 정신적 공황에서 벗어나지 못했다.

청운의 꿈을 키웠던 광주고 학창 시절

북중학교를 졸업하고 광주고등학교에 입학했을 때의 일이다. 광주고등학교에는 각 시군의 시골학교에서 1, 2등 하던 성적 우수자들이 대거 입학했다. 나는 광주에서 중학교를 졸업해 조금은 으쓱한 기분이 되어 사뭇 고무되어 있던 무렵이다.

우연한 기회에 '시골에서 올라온 아이들끼리 학습 모임을 갖자'는 의견이 자연스럽게 모아졌다. 강진 도암에서 올라온 김형태, 해남읍에서 올라온 민홍기, 장흥 출신이던 나와 광주 출신인 김충, 이렇게 네 명이 스터디그룹을 만들어 청운의 뜻을 키우기로 했다.

고만고만한 친구들끼리의 모임이었다. 우리는 수업이 끝나면 집으로 가지 않고 도서관에서 빌린 책을 읽고, 읽은 책의 내용을 발표했다. 소설도 읽고, 고전과 여러 가지 교양서적도 읽었다. 그런 다음에는 번갈아가면서 발표를 했다. 고등학교 1학년 때에 그런 모임을 가졌다는 사실이 지금 생각해도 대견했다는 생각이 든다.

그 덕분인지 우리 네 사람은 대체로 잘 풀렸다. 한 친구는 쌍용그룹에 입사하여 상무를 거쳐 독일의 프랑크푸르트 지점장 등 요직을 두루 거친 뒤에 사업에 뛰어들어 많은 돈을 벌었다. 또 한 친구는 고등학교 교사가 되어 일본에서 재일교포 학생들을 가르친 뒤 귀국해서는 광주여고 등 일류 고등학교에서 국어교사로 근무하고 있다. 여기에 나도 행정직 공무원으로 시작했지만 지금은 고향 장흥군에서 군수까지 하고 있다. 어린 나이에 호기심으로 만든 스터디그룹이었지만 모두 열심히 공부했고, 서로 마음이 맞았기에 훗날 인생에도 큰 도움이 되었다.

공직의 첫발을 내딛다

가정형편이 어려웠던 나는 전남대학교 상과대학 경제학과에 입학했다. 졸업 후에는 은행이나 공사에 취업하려 했던 것이다. 그러나 지방대생의 취업은 여간 힘든 게 아니었다. 할 수 없이 고시학원에서 강사보조를 하면서 공무원 9급 시험에 응시해 합격했다.

처음 발령을 받아 간 곳은 광주시 지산출장소 우치동사무소였다. 광주시 소재라고는 하나 장흥군의 관산읍에 비해도 형편없는 대표적인 오지 중의 오지였다.

숙직실에서 숙직을 도맡아 하고 밥은 늘 시골장터에서 사 먹었다. 논과 밭을 관리하는 산업계 업무를 담당했다. 당시는 식량증산 시책이 최고의 과제였다. 논에는 통일벼를 많이 심도록 지도하고, 밭에는 보리를 심고, 퇴비와 객토를 하도록 독려했다. 매일같이 논두렁 밭두렁을 누볐지만 농민들을 계도하는 일은 어려웠다. 조상 대대로 해오던 농사방식을 하루아침에 바꾼다는 것은 쉽지 않은 일이었다. 나중에는 사표를 써놓고 일부러 농땡이를 피우기도 했다.

광주시 동구청 건설과를 거쳐 여천시 시정계장으로 근무할 때에는 보람된 일도 있었다. 1989년 여천 호남에틸렌에 노사분규가 일어났을 때, 공장조업 중단만큼은 막아야 한다는 일념으로 노조 간부와 직접 대화를 시도해 일촉즉발의 위기를 극적으로 해결하기도 했다.

1990년 여수산업단지 건설 일용직 근로자가 노동조합 승인을 요구하며 43일 동안 집단시위를 벌일 때에도 원·하청 대표와 건설 일용직 근로자대표, 여수 노동부 근로감독관과 여수시가 참여하는 대책회의를 시청 상황실에서 수차례 주선하고 중재해 43일 만에 노사분규를 멈추게 하는 한편 여수산업단지 일용건설 노조가 설립되도록 도와준 일도 있다.

김대중 대통령의 '국민의 정부' 출범 후에는 통합여수시의 산업단지 자원개발사업소장으로 근무하면서 여수산업단지 주변 마을 주민 이주사업을 추진했다. 당시 5,000여 억 원의 이주 비용을 마련하기 위해 국회의

원 회관과 국회의사당, 국무조정실 등 중앙부처를 일주일에 한 번씩 방문하면서 실타래처럼 얽히고설킨 현안들을 해결했던 일은 지금도 보람으로 남아 있다.

군수 선거에 도전하다

여수시 자치행정국장과 전남도청의 지식기반산업과장, 환경보전과장, 관광진흥과장을 거쳐 2005년 1월 고향 장흥군의 부군수로 발령받았다. 나는 공직에 근무하는 동안, 군수에 도전하여 고향 발전을 멋지게 이끌어보겠다는 꿈을 갖고 있었다. 잘만 하면 최장 12년을 단체장으로 일할 수 있으니 그 정도의 기간이면 지역을 바꿀 수 있다고 확신하고 있었다.

여천시와 여수시, 전남도청 과장으로 근무하면서 다양한 사람들을 만났다. 경제학을 전공한 덕분에 지역의 발전문제에 대해서 생각해볼 기회도 있었다. 상대적으로 너무 침체되어 있는 내 고향 장흥을 위해, 기회가 오면 반드시 단체장에 도전해보리라 생각하고 있었다.

그러나 초등학교 4학년 때 고향 장흥을 떠난 터라, 공무원 중에서도 나를 아는 사람이 거의 없었다. 도에 있을 때 고향 부군수라도 해봐야 군민들에게 알릴 수 있을 터였다. 마침 김인규 군수가 도에서 추천하는 나를 부군수로 받아줬다.

당시 김 군수는 초선이었는데 내가 부군수로 있는 동안 재선에 성공했다. 그런데 군수 부인의 선거법 위반 문제가 심각한 현안으로 불거지면서 결국 1년 만에 군수직을 상실했다. 안타까운 일이었지만 내게는 도전할 기회가 빨리 찾아온 셈이다. 김 군수도 부군수를 했던 내가 군수선거에 출마하는 것을 적극적으로 도와줬다. 덕분에 열린우리당의 공천을 받고 군수 선거에 출마할 수 있었다.

나는 성격이 낙천적인 편이다. 부하 직원들에게도 듣기 싫은 소리를 하지 않는다. 상대를 볼 때에도 단점은 보지 않고 장점만 본다. 이런 성격이 선거운동을 하는 데 큰 장점으로 작용했다. 우선 선거운동을 즐기면서 할 수 있었다. 성장과정에는 어려움이 많았지만 대체적으로 낙천적인 편인지라 홀어머니 밑에서 컸지만 성품이 삐뚤어졌다는 소리는 한 번도 들어본 적 없고, 사고방식도 편협하지 않아 사람들이 잘 따랐다.

당 공천을 받을 때에도 그랬다. 차관까지 지낸 사람이 출마하려고 할 때에도 전혀 꿇린다는 생각을 하지 않고 당당하게 대처했다. 그러자 거꾸로 위기의식을 느낀 차관 출신이 먼저 출마를 포기하는 바람에 공천을 받게 되었다.

선거에 앞선 초반 여론조사 결과 나는 6%, 상대는 23%였다. 한마디로 인지도가 낮아 아주 불리한 국면이었다. 그러나 이상하게 그때에도 기분이 나쁘지 않았다. 오히려 해볼만 하다는 생각을 했는데 이것이 선거운동의 원동력이 되었다. 결국 나는 898표라는 아주 근소한 차이로 군수에 당선됐다.

소비자가 뽑은 브랜드대상, 정남진 장흥 물축제

'정남진 장흥 물축제'는 탐진강 하천, 장흥댐 호수, 득량만 해수 등 청정 수자원을 기반으로 하는 축제다. 나들이와 여행, 레저 활동이 활기를 띠는 봄이면 각기 자기 고장을 알리려는 지역축제들이 본격적으로 시작된다. 문화관광부가 집계한 전국의 자치단체에서 여는 지역축제 및 문화 이벤트는 연간 750개에 이른다. 여기에 군소 축제까지 합치면 1,000여 개가 넘는다. 관광객들은 1년 내내 축제만 보러 다녀도 하루에 두 곳을 관람할 수 있다는 이야기다. 그럼에도 정말로 축제다운 축제는 좀처럼 찾아보기 힘들다. 오히려 단체장의 선심성 이벤트 행사로 지자체에 경비 부담만 주고 있다.

사실 장흥에도 천관산 억새제, 전국바다낚시대회, 회진 전어축제, 남포 석화구이, 정남진 장흥키조개 큰잔치, 장환도 갯장어축제, 제암산 철쭉제, 보림문화제, 장흥전통가무악 전국제전 등 10여 개의 축제가 있지만 전국축제로 성장하기에는 한계가 있었다.

군수에 당선된 후 2007년 12월 21일 취임식 자리에서 "2008년부터 정남진 물축제를 하겠다"고 선언하자 "웬 물축제냐?"고 비판하는 사람들이 많았다. 시골사람들은 축제라고 하면 먹는 축제를 먼저 떠올리기 때문이다.

그러나 물축제의 성공 가능성에 대해서는 이미 2005년 8월 목포대학교 문화관광산업연구소 이장주 교수가 장흥의 대표 축제 개발 최종용역 보고회에서 "장흥군 대표 축제의 주제와 이미지는 정남진, 물, 산이 가장 적합하다"고 발표한 바 있다.

당시 '정남진 장흥 물축제'는 차별성과 경제성, 접근성, 환경성, 여론평가를 환산한 결과 가장 높은 점수를 받았다. 정남진의 지리적 이미지를 살려 '물, 건강'이 어우러진 주제를 선정하고 자연이 조화된 웰빙 벨트를 조성하면서 장흥에서 진행되는 각종 축제와 연계 추진하는 방안이 제시되었던 것이다.

군민들의 반대의견도 없진 않았다. 실제로 물축제는 국내 4, 5곳의 자치단체에서 열리고 있지만 경쟁력을 갖춘 축제로 발전시키지 못하고 있었다. 그러나 나는 물축제가 장흥의 성격과 잘 맞으며, 다른 지역의 물축제와 차별화를 시도한다면 충분히 승산이 있다고 판단했다.

축제는 지역을 알리고 지역경제를 활성화시키기 위해 반드시 필요하다. 그러려면 지역의 정체성이 중요하다. 축제가 성공하려면 무조건 사람들이 많이 와야 한다. 그러기 위해서는 지역주민들의 역할도 중요하다. 지역주민이 축제를 사랑하지 않으면 외지인들도 그 축제를 보러 올 까닭이 없다.

나는 지역민들이 많이 참여할 수 있도록 최고의 대형가수를 축제에 초청했다. 가수 장윤정이 인기 정상을 달릴 때 그를 대표 가수로 초빙했다. 축제장은 환호의 도가니였다. 사람들은 매일 저녁 시원한 탐진강 물가로 몰려들었다. 메인 무대에서는 매일 음악 공연이 열리고, 밤이면 강변에서 심야영화나 칵테일 쇼 같은 볼거리가 펼쳐졌다. 축제장과 인접한 토요시장과 식당, 주점, 숙박업소 등에도 관광객들이 몰리면서 지역경제도 살아났다.

정남진 장흥 물축제는 한국소비자포럼과 한국경제신문사가 공동으로 주관한 소비자가 뽑은 '올해의 관광축제' 브랜드 대상을 5년 연속 수상했다. 지방자치단체가 브랜드 대상을 수상한 것은 '정남진 장흥 물축제'

장흥군 대표 축제의 주제와 이미지는 정남진, 물, 산이 가장 적합하다는 전문가의 평가를 바탕으로 시작된 '정남진 장흥 물축제'는 지방자치단체로서는 처음으로 브랜드 대상을 받는 영광까지 얻었다. (아래는 '정남진 장흥 물축제' 합수식)

장흥군은 정남진 장흥 물축제를 열 때마다 수익금 4,500만 원을 유니세프 성금으로 기탁하고 있다.

가 유일하다. 이 축제가 있기까지, 처음에 반대도 굉장히 많았다. 심지어 미친놈 소리까지도 들었다. 그러나 장흥군의 정남진 장흥 물축제는 2013년 대한민국 문화관광 유망 축제로 선정되는 등 어느새 여름 대표 축제로 확고하게 자리매김했다.

정남진 장흥 물축제가 성공한 요인은 무엇일까? 이는 1년 중 가장 더운 시기에 1급수의 탐진강에서 시원함을 최대로 활용하여 다양한 물 체험 프로그램을 운영한 결과다. 장난감 물총, 지상 최대의 물싸움, 탐진강에서 손맛을 즐길 수 있는 물고기잡기 체험 등 온가족이 함께 할 수 있는 다양한 프로그램이 관광객들을 사로잡았다. 전남 중남부권의 거점도시여서 접근성도 용이했다. 편백숲 우드랜드, 토요시장과 연계한 볼거리,

즐길 거리, 먹거리가 풍부하고 여기에 군민, 향우회원, 공직자들이 하나가 되어 헌신적으로 봉사한 것도 한몫했다.

장흥은 물의 고장이다. 득량 앞바다, 탐진강, 탐진호 등 풍부한 수자원을 갖춘 물의 고장이 장흥이다. 장흥댐에는 물 테마파크도 조성 중이다. 최근 장흥읍 평화마을의 '상선약수上善若水'가 유명해지고 있다. 상선약수라는 말은 노자의 《도덕경道德經》에 등장하는 말로 상선上善, 즉 가장 좋은 것은 약수若水, 물과 같다는 뜻이다. 물은 형체가 없다. 어떤 그릇에 담기느냐에 따라서 그 모양이 변한다. 물은 또 모든 것을 아우르며, 위에서 아래로만 흐르고 절대로 자연을 거스르지 않는다. 물은 산업 면에서도 무궁무진하다. 때문에 나는 장흥이 길게 흥하는 것은 물 산업, 물의 축제에 있다고 확신했다.

장흥군은 2009년부터 물축제에서 모은 수익금 4,500만 원을 물 기근 국가들을 위해 유니세프에 기탁해오고 있다. 당시 유니세프 한국위원회 박동은 사무총장은 "수익금 기탁이 한 해로만 끝날 줄 알았다"며 놀라는 모습이었다.

그 바람에 유엔도 장흥군에 대해 남다른 관심을 갖게 되었다. 향후 유엔과 함께 하는 세계축제를 구상하고 있다. 2012년 5회 정남진 장흥 물축제에는 무려 80만 명의 관광객들이 다녀갔고, 600억 원의 경제적 효과를 거둠에 따라 세계적 축제로 성장할 수 있는 발판을 다졌다.

정남진 장흥 물축제는 장흥의 대표 축제로 2012년 올해의 브랜드 대상을 수상했고, 향후 유엔과 함께 하는 세계축제를 구상하고 있다.

진짜 옷을 다 벗고 들어갑니까?

'하늘을 찌를 듯, 곧게 뻗은 편백나무 숲, 천지가 편백나무 숲으로 뒤덮었네. 숲 사이로 불어오는 산들바람, 거치른 숨 고르게 하고, 울창한 숲과 계곡에서 내뿜는 음이온과 피톤치드 잃었던 내 청춘 젊음을 되찾게 하네.'

김세열의 시 〈편백나무 숲 우드랜드〉 중에서

국민휴양지 억불산 편백숲 우드랜드는 장흥군 장흥읍 우산리에 조성된 전국 최초의 누드삼림욕장이다. 산림청 발표에 따르면 편백숲 우드랜드는 전국에서 피톤치드phytoncide가 가장 많이 나오는 곳으로 이용객 수는 연간 80만 명을 웃돈다.

삼림욕은 자연의 숲에서 다양한 물리적 환경을 이용하여 인간의 심신을 건강하게 해주는 자연요법의 하나다. 식물이 병원균·해충·곰팡이에 저항하려고 내뿜거나 분비하는 물질 피톤치드. 사람이 삼림욕을 즐기며 이 피톤치드를 마시면 스트레스가 해소되고 장과 심폐기능이 강화되며 살균작용도 이루어진다고 한다.

목재에서 나오는 향기는 심신의 피로를 말끔히 풀어주는데, 이를 즐길 수 있는 것이 삼림욕이다. 편백숲 우드랜드에는 산책과 체험코스뿐 아니라 아토피 치유를 위해 탐방객들이 숙박할 수 있는 펜션도 다양하게 준비되어 있다. 펜션도 돌집, 흙집, 황토집, 한옥집 등 자연에서 찾은 재료로 만들어 숲속의 작은 동화 마을을 이루고 있다. 가벼운 옷차림으로 편

피톤치드를 맡으며 삼림욕과 산책을 할 수 있고 아토피 치유를 위해 탐방객들이 숙박할 수 있는 다양한 펜션 등이 준비되어 있는 장흥의 억불산 편백숲 우드랜드

호흡기질환 및 알레르기성 피부질환에 도움이 되는 체험 프로그램을 운영하고 있는 억불산 편백숲 우드랜드에는 연간 80만 명 이상의 체험객들이 다녀간다.

백숲을 거닐기만 해도 절로 몸과 마음이 정화되는 기분이다.

장흥읍이 내려다보이는 억불산 자락에 위치한 100만ha 규모의 편백 숲 우드랜드에는 한옥, 황토집, 통나무집, 목공예체험장 등 친환경 공간 28동이 속속 들어섰다. 하루 200명이 묵어갈 수 있는 규모다.

편백나무의 피톤치드 향과 천연소금을 이용한 피부질환 치유공간인 편백소금집, 비비에코토피아 풍욕장은 벌거벗고 다닐 수 있게 꾸몄다. 2011년 7월 30일 개장 당시 전국에서 전화가 빗발쳤다.

"진짜 옷을 다 벗고 들어갑니까?"

그 같은 문의전화가 쇄도했고, 지역 어른들의 의견을 참고해 종이옷을 입은 채로 숲을 거닐 수 있도록 바꾸었다.

최근에는 소금마사지방, 해독방, 황토방 시설을 이용하여 호흡기질환 및 알레르기성 피부질환에 도움이 되는 체험 프로그램을 운영하고 있다. 덕분에 연간 이용객수 80만 명에 직접수입 20억 원과 간접수입 등 260 억 원의 경제적 효과를 톡톡히 누리고 있다.

제2의 제주관문, 장흥의 노력항

2010년 7월 2일 장흥군 회진면 노력항에서 제주 성산포항까지 가는 뱃길이 처음 열렸다. 육지에서 제주도로 가는 가장 가까운 뱃길이다. 여 객 564명과 차량 70대를 수송하는 노력항 카페리 항로는 목포에 이어 어 느새 전국 뱃길 여객 수송 규모 2위를 차지하는 항로로 자리매김했다.

장흥의 노력항 뱃길은 지금 호황을 맞고 있다. 특히 장흥 노력항은 제주와 가깝고 항로 여건이 좋아 제주 성산포항까지 2시간 20분이면 간다.
공항이 없는 지역에서는 비행기보다 빨라 경쟁력이 있다는 평가를 받고
있다. 덕분에 해마다 증가하는 여객들로 장흥군 숙박업소는 물론 식당,
마트, 주유소 등 다양한 서비스 분야에 이르기까지 지역경제에 선순환
효과가 나타나고 있다.

지금은 현실이 되었지만 노력항에 카페리를 띄우겠다는 것은 어느 누
구도 상상하지 못했던 일이었다. 지도를 놓고 그려보면 장흥에서 일직선
상에 있는 것이 제주의 성산포다. 그만큼 제주도는 장흥에서 가깝다. 이
는 장흥이 배가 뜰만한 최적의 장소라는 뜻이었고, 나는 이곳에서 배를
띄우고 싶었다. 우선 장흥~제주 카페리 사업을 운영하기 위해서는 투자
를 할 사업가가 필요했다.

우연한 기회에 지인으로부터 '카페리 사업을 할 만한 재력가를 소개해
주겠다'는 연락을 받았다. 경북에 사는 분이였다. 과장 등 담당직원을 데
리고 그를 찾아갔다. 첫 만남은 저녁약속이었는데, 그가 너무 늦게 나타
나는 바람에 기분이 언짢아 대화를 제대로 나누지 못했다.

이후 그가 재계의 거물이라는 사실을 알고 다시 공을 들였다. 2년 만
에 그로부터 장흥군을 방문하겠다는 연락을 받았다. 나는 전남도 연구기
관 싱크탱크 박사들이 있는 곳에서 연구원장이 직접 브리핑을 해줄 것을
요청했다.

브리핑을 마친 뒤에는 옥섬워터파크를 보여주고 배를 띄우기 가장 좋
은 곳으로 안내한 뒤 "진짜 배를 띄울 의향이 있으면 4개월 안에 여객항
시설을 만들어주겠다"고 약속했다. 그로부터 정확한 투자의사를 확인한

나는 곧바로 전남도지사를 만나 항구 개설에 필요한 특별비 지원을 요청
했다. 적자가 날 수 있다는 지사의 걱정을 뒤로 하고 군비와 도비 등 총
160억 원의 예산을 확보한 뒤 여객항 건설에 전력을 쏟았다.

'리더의 생명과 가치는 올바른 판단력에 있다'고 나는 생각한다. 투자
자의 재력과 인품, 현장을 꼼꼼하게 답사하는 모습을 보면서 항구를 개
설하면 반드시 성공할 수 있다고 확신했다. 물론 실패할 수도 있지만 노
력항을 만드는 동안 '안 된다'는 생각 자체를 해보지 않았다.

매립면허, 해역이용 협의, 사전 환경성 평가 등 제반규정을 모두 준수
할 경우 장흥 노력항에서 제주 성산포항으로 출발하기로 약속한 오렌지
호 취항 날짜를 도저히 맞출 수 없는 상황이었다. 행정절차가 마무리되
기 전에 먼저 노력항 주변 매립 공사부터 강행했다. 그러자 검찰은 여수
항만청의 의견을 받아들여 '불법인 줄 알고도 공사를 강행했다'면서 나
를 공유수면매립법 위반 등의 혐의로 기소했다.

물론 책임을 피해갈 방법이 없진 않았다. 하지만 모든 것은 내가 주도
한 것이기에 재판과 관련해서는 리더로서 책임지는 모습을 보여주었다.
사건을 맡은 재판부도 다음과 같이 판시했다.

"노력도 일원의 해양환경에 미친 악영향과 행정기관이 법률을
준수하지 않았다는 점은 죄가 가볍지 않지만 이 군수와 공무원들
이 장흥군의 발전을 위한다는 동기에서 사업을 추진한 점 등을
고려해 벌금형을 선고한다."

리더로서의 추진력과 더불어 업무의 오류에 따르는 책임까지 우여곡절을 겪으며 성취해낸 오렌지호 취항

결국 나는 벌금형 전과자가 되었다. 그러나 책임지는 리더의 모습을 보여준 덕분에 지역주민, 사회단체로부터 인기가 치솟으면서 〈광주일보〉 여론조사 결과 '전라남도에서의 지지율 1위' 단체장에 올랐다.

장흥 노력항~제주 성산포항 오렌지호가 취항하자 낙후됐던 성산포항 일대의 경기도 함께 살아났다. 오렌지호 취항은 뭍에서 제주도로 가는 것만이 아니라, 제주도 사람들 역시 장흥에 몰려와서 소고기를 사먹고 가는 등 육지나들이 길로도 즐겨 사용되고 있다.

노력항의 접근성을 높이기 위해 목포~광양간 고속도로의 개통과 더불어 화순~장흥 유치리 간 지방도 확·포장 공사 등 도로 인프라 구축에도 나서고 있다.

노력항은 호남권 이용객보다 오히려 서울, 경기 및 외지에서 온 이용

장흥 노력항과 제주도 성산포항을 운행하는 오렌지호를 타면 장흥에서 2시간 20분 만에 제주도에 도착한다.

객 비율이 76%나 되는 특성이 있다. 연간 이용객도 120만 명을 넘어서면서 향후 전남 제1의 제주관광 관문이 될 것으로 기대된다.

정남진 장흥 토요시장의 Four Go 전략

장흥 5일 재래시장은 '장흥장'인데 이를 소리 나는 대로 '자응장'이라고 부른다. 과거의 '자응장'은 한때 전남의 3대 시장으로 불릴 만큼 발 딛을 틈 없이 사람들로 가득했다.

장흥은 농촌 인구가 1966년도 14만 4,000명에서 40년이 지난 지금은 4만 3,000명으로 1/4로 줄어들었다. 이어 고령화와 대형마트, 백화점, 인터넷 쇼핑몰 등에 밀려 점점 더 활력을 잃어갔다.

재래시장을 살리기 위해 군비, 국비 등 75억 원을 들어 낡은 장옥들을 허물고 화장실도 수세식으로 바꿨다. 장흥에서 생산되는 농·수·축·임·가공식품들을 한자리에서 팔 수 있는 지역특산품 판매장과 만남의 광장, 공연장도 새로 짓는 등 전면 재건축에 나섰다.

차량도 쉽게 드나들 수 있게 우회도로를 내고, 탐진강 고수부지에는 500여 대를 동시에 수용할 수 있는 주차시설을 갖췄다. 간판도 '정남진 장흥 토요시장'으로 고치고 새롭게 문을 열었다.

매주 토요일엔 시장을 순회하고, 실과소와 읍면의 날을 지정하여 특산품을 홍보했다. 심지어 공무원들의 모임인 동창회, 향우회도 토요시장에서 열도록 갖가지 프로그램을 동원했다.

그러나 개장 2년이 되어도 별다른 변화가 없었다. 고민 끝에 "장흥군

재래시장을 살리기 위해 매주 토요일 시장을 순회하며 특산품 홍보와 4고 전략을 집중해 활성화시켜 전국
적으로 유명해진 '정남진 장흥 토요시장'

이 한우를 많이 키우니 토요시장과 연계해 한우를 전국에서 가장 싸게 팔자"는 제안을 받아들여 토요시장 살리기 전략을 새롭게 수립했다. 고스톱의 '쓰리고'처럼 토요시장에서 먹고, 사고, 보고, 즐기는 '4고Four Go' 전략을 세운 것이다.

1Go, '먹고go'로 먹거리 조성사업

'금강산도 식후경'이라고 여행객에겐 먹는 것이 먼저다. 장흥군은 한우가 5만 7,000마리로 인구 4만 3,000명보다 소가 더 많다. 이에 전국에서 가장 싼 가격으로 소고기를 파는 전략을 세우고 제일 먼저 축협 판매장을 통해 시범적으로 한우고기 600g을 1만 4,000원에 판매하기 시작했다. 그러자 "돼지고기 값에 조금만 더 보태면 소고기를 먹을 수 있다"는 말이 입소문으로 퍼지면서 사람들이 하나둘 장흥 토요시장으로 몰려들었다. 축협 판매장이 대박이 나자 한우협회 매장을 내주었고, 다시 중소기업청의 도움을 받아 장흥한우 판매장을 세 곳으로 늘렸다. 명절 때만 되면 이곳 판매장에서 소고기를 사려는 행렬이 50m나 이어졌다. 어느새 판매장은 다시 22곳으로 늘어나 토요시장은 '한우시장'으로 특화가 됐고, 사람들은 '소고기' 하면 이제 장흥의 정남진 토요시장을 떠올린다.

소고기 소비가 늘어나면서 새롭게 탄생한 음식이 '장흥한우삼합'이다. 지역의 특산물인 한우고기와 득량만에서 생산되는 자연산 키조개, 그리고 전국 생산량 1위인 장흥 표고버섯을 같이 싸서 먹는 음식이다. 2012년 KBS의 예능프로그램 〈1박 2일〉 팀이 장흥에 왔을 때 '장흥한우삼합'을 먹는 장면이 방영됐다. "장흥을 찾는 사람은 장흥한우삼합을 먹어 보아야 장흥을 다녀왔다는 얘기를 할 수 있다"는 이야기가 입소문으로 퍼지면서 장흥읍 토요시장은 늘 인파로 북적북적 대박행진을 이어가고 있다. 요즘에는 지역경제 활성화 성공사례로 손꼽히면서 이를 배우기 위한 지자체 공무원들의 발걸음까지 더해지고 있다.

2Go, '사고go'로 살거리를 만들어주는 것

장흥군은 표고, 매생이, 무산 김 등 신선한 농수산물이 풍부하다. 그 중 인기가 좋은 것은 '고향 할머니 장터'다. 할머니들은 '관산댁', '안양댁'등의 명찰을 목에 걸고 텃밭에서 재배한 보리순, 봄동, 달래, 냉이 등 봄나물과 밤, 양파, 고구마, 도라지 등 웰빙 농산물들을 판다. 삼합 식사를 마친 관광객들은 시장을 한 바퀴 돌다가 농산물이 싸니까 이것저것을 사 가는 데 인기 만점이다.

장흥군은 노인일자리 사업으로 노점상 할머니들에게 하루 교통비 1만 원을 지원해준다. 그러면 160여 명의 할머니들은 구수한 남도 사투리와 넉넉한 인심으로 관광객들의 마음을 사로잡는다. 할머니들은 교통비도 받고, 물건을 팔아 돈도 벌고, 일거리가 있어 좋고, 토요시장의 마스코트가 되었으니 '1석 4조의 효과'를 누리고 있는 것이다.

3Go, '보고go'로 보는 즐거움

토요시장은 관광객들에게 보는 즐거움을 주기 위해 매주 공연장을 운영한다. 이를 위해 토요시장 중앙에 있는 협소한 공연장을 국비 3억 원의 지원을 받아 상설무대로 바꿨다. 이곳에서 연예인 초청공연을 비롯한 품바, 각설이 공연 등이 펼쳐진다. 때로는 농수산물 경매도 진행되는 등 신명나는 이벤트가 끊임없이 이어지고 촌로와 관광객들이 뒤섞여 흥겨운 노래로 어깨춤을 덩실 추며 흥을 돋운다. '관광객 노래자랑'이 열리면 전국노래자랑처럼 '딩동댕'을 통과한 사람들에게 사회자가 소고기 1근 교환권을 주는데, 이것도 인기가 대단하다.

4Go, '즐기고go'로 즐길 거리를 제공하는 전략

호남의 3대강 중 하나인 탐진강은 장흥시내를 가로질러 흐른다. 탐진강을 건너는 줄배타기와 징검다리 건너기, 짚풀공예, 떡매치기 등 다양한 체험과 프로그램이 운영되는데 특히 어린이들에게 인기가 좋다.

요즘은 한창 뜨는 편백숲 우드랜드 등 관광 인프라를 인근 지역인 천관산 도립공원, 월출산 국립공원, 보성 녹차밭, 강진 청자도요지, 장흥 노력항에서 제주까지 연계해 다양한 코스를 제공하고 있다.

이 밖에 토요시장 명소로 SBS 드라마 〈대물〉 세트장과 다문화센터도 건립했다. '3대곰탕집'이란 간판을 내건 허름한 한옥, 드라마에서 하도야 검사(권상우)의 아버지(임현식)가 3대째 운영하는 곰탕집 가마솥에서 풍기는 냄새는 관광객의 발길을 잡는다.

지금 토요시장은 한우만 팔아 연간 350억 원을 벌고 있다. 여기에 농수산물을 다 합치면 1,000억 원으로, 건실한 중소기업 매출 수준이다. 예전의 연간 20억 원에 비하면 어마어마하게 성장한 것이다. 소고기 판매장이 잘되자 음식점, 잡화, 어물전, 농산물의 매출도 덩달아 상승했다.

주말이면 3,000명, 성수기엔 7,000~8,000명이 토요시장을 찾아오는데 손님의 80~90%는 외지인이다. 편백숲 우드랜드와 더불어 토요시장을 찾는 관광객들 덕분에 장흥의 숙박업, 음식업도 호황을 누리고 있다.

이제 '장흥'은 몰라도 '토요시장'은 전국 어디를 가도 알 정도가 되었다. 지역에 시장 하나가 살아나자 많은 부富가 창출되면서 지역 이미지가 바뀌고 있는 것이다.

장흥 토요시장에는 점포를 가진 상인회원이 115명 있다. 난전을 포함하면 1,500명, 가족까지 합치면 대략 3,500여 명이 시장 덕분에 먹고 산다. 이렇듯 시장은 서민경제의 거대한 흐름이다. 마음속 깊은 곳간에 피운 화톳불 기운이 절로 새어나오듯 시장은 따뜻한 삶의 현장이다.

정남진 장흥 토요시장은 전국 최초 주말관광시장의 성공 모델로 등극했다. 전국 지자체 및 상인회의 벤치마킹 전국 1위 시장, 중소기업청 평가 전국에서 가장 성공한 시장으로 부각되면서 전국에서 찾아오는 관광객 수 1위 시장, 가장 가보고 싶은 시장 1위가 됐다. 전국 1,600여 개의 전통시장 중 가장 성공한 시장 모델로 손꼽히는 것은 이런 이유 때문이다.

전통시장을 살리려면 무엇보다 특색이 있어야 한다. 특색이 없이는 살아남을 수 없는 현실이다. 정남진 장흥 토요시장이 성공한 것은 바로 먹고, 사고, 보고, 즐기는 특색 있는 'Four Go' 전략을 실천한 결과다.

대한민국 통합의학 박람회와 통합의료센터

통합의학은 사람을 생각하는 의학이다. 아직도 현대의학으로는 해결하지 못한 수많은 질병들이 있다. 통합의학은 '현대의학의 이러한 한계를 극복하고 새로운 형태의 의학을 완성'하고자 하는 것이다.

통합의학은 환자를 둘러싼 환경까지도 아우르는 의학이다. 질병의 증상만 제거하는 게 아니라 사람의 몸과 마음 전체가 자연의 질서와 조화를 이루도록 하는 것이다. 이처럼 통합의학은 양방, 한방과 침·뜸 등 대체의학을 포함해 세 가지를 환자가 원하는 방식대로 치료해준다.

지금까지는 양방에 가면 양방치료만 하고, 한방에 가면 한방치료만 했다. 대체의학은 아예 인정도 해주지 않았다. 그러나 통합의학이 보편화되면 세 분야의 의사들이 병행치료를 하게 되니 환자의 입장에서 보면 최고로 좋은 의술임에 틀림없다.

전남은 산야초 등 천연자원이 풍부하다. 박준영 전남지사는 독일에서 공부한 고려대학교 현직 의대교수를 천연자원연구원장으로 초빙했다. 독일은 세계적으로 통합의학이 가장 발달됐고 환자 중심의 진료체계가 잘 갖춰져 있으니, 이를 활용하면 전남이 발전할 수 있다고 판단한 것이다.

마침 장흥은 생약초한방 특구로 지정된 터라, 지사의 추천을 받아 도비와 군비 등 14억 원을 들여 통합의학 박람회를 공동개최하기로 했다. 이렇게 전라남도가 주최하고 장흥군이 주관하는 통합의학 박람회는 도립공원 천관산 자락에서 2010년부터 2012년까지 벌써 3회째 행사를 개최했다. 1회 30만 명, 2회와 3회 각 42만여 명이 다녀갈 정도로 통합의학 박람회는 갈수록 호응이 좋아 이미 건강축제의 대표 모델로 자리매김했다.

특히 2012년에는 20여 개의 병원이 참여한 가운데 민간업자들도 물리치료 기계들을 판매했다. 보건소의 참여 하에 향기치료요법 등 다양

양방·한방·대체의학의 세 의료 분야에서 환자가 원하는 방식대로 치료하며, '현대의학의 한계를 극복하고 새로운 형태의 의학을 완성'하고자 하는 통합의학을 소개하는 장흥의 '대한민국 통합의학 박람회'

한 통합의학 치료방법들도 소개됐다. 특히 홍채전문가인 이남학 홍채학 연구소 대표의 눈동자의 홍채를 토대로 하는 건강진단이 가장 인기를 끌었다. 건강검진에 참여한 사람들의 암을 발견해 치료를 받게 한 것도 큰 소득이었다.

올해로 4회째인 통합의학 박람회는 '몸과 마음의 치유, 통합의학'을 구호로 2013년 10월 25일부터 31일까지 장흥 천관산 일대에서 환자 중심의 통합적 진료모델을 제시하는 형태로 개최된다.

통합의학 박람회는 230개의 전문 의료기관 및 단체 등이 참여하고 노

대한민국 통합의료 정책포럼 비전 선포식(위)을 갖고, 통합의학 박람회에서는 통합의학에 큰 관심을 갖고
박람회를 찾은 방문객들에게 무료 검진과 각종 의료 체험 서비스를 제공했다(아래).

인, 여성, 소아·청소년, 성인병 질환 등 세대별·계층별 진료체험관과 사상체질관, 편백치유관, 힐링체험관 등 15개 주제관으로 확대 구성된다.

이동검진 및 각종 체험장 등을 통해 통합의학을 남녀노소 누구나 쉽게 이해하고 체험할 수 있도록 '100% 통합의학적 프로그램 개발'에 집중한다. 또한 드라마 〈신의〉 세트장을 힐링체험관으로 활용해 명상, 요가, 아로마테라피 등 검증된 보완대체요법 프로그램을 확대했다.

전라남도는 통합의학이 미래를 이끌 신성장산업이 될 것이라고 판단, 지난해까지 국제학술대회와 동양의학포럼, 통합의학 박람회(3회)와 통합의료 정책포럼 및 비전 선포식 등을 개최하고 통합의료센터 건립 사업비 246억 원을 확보했다. 2013년에도 성공적인 통합의학 박람회가 될 것으로 예감하고 있다.

장흥군은 청정한 자연환경, 온화한 기후 등 건강휴양지로 각광을 받고 있다. 전국적으로 아토피 질환 발생률이 가장 낮고, 환경성 질환치료실적도 뛰어난 것으로 소문이 났다.

장흥군은 2015년 완공을 목표로 안양면 사자산 기슭 로하스타운 내에 국비와 지방비 등 250억 원을 들여 환자중심의 양·한방 통합의학 임상연구 및 효능을 규명하는 통합의료센터를 건립하고 있다.

양·한방, 보완대체의학 등 통합의료체계를 구축한 전국 최초의 통합의료센터가 건립되면 난치성 질환치료를 위한 양·한방 협진치료 체계구축 및 의료기술의 산업화와 자연친화적인 의료관광의 확대로 지역경제 활성화에도 크게 기여할 것으로 기대된다.

특히 이를 기반으로 2016 장흥 국제 통합의학 박람회, 즉 통합의학 엑스포를 개최할 예정이며, 현재 정부승인을 받기 위한 기본 용역을 추진 중에 있다. 2016년부터는 전남 장흥이 대한민국 통합의학을 선도하는 지역으로 전 세계인의 주목을 받게 될 것으로 기대된다.

군민이 직접 참여하는 주민주식회사

2008년 전국 최초로 염산을 사용하지 않는 친환경 무산無酸 김 양식 선포

2009년 어업인 110명 '무산 김 주민주식회사' 설립

2010년 '무산 김 주민주식회사' 청와대 열린 국가고용전략회의에서 일자리 창출 우수사례선정 보고

2011년 전국 수산물 브랜드 대전 대상 수상.

장흥군의 '무산 김 주민주식회사'가 성공적으로 정착하기까지의 과정이다. 김을 양식하는 어민들은 그간 김의 질병관리와 파래·잡태 등을 없애기 위해 산酸 처리를 해왔다. 그러나 산 처리는 산에 약한 바다의 식물성 플랑크톤과 녹조류에 영향을 끼쳤다. 이는 해양의 기초 생태계를 무너뜨리고, 저서생물에까지 피해를 줘 어업인의 삶의 터전을 악화시키는 악순환을 가져왔다.

2008년 5월, 장흥지역 김 양식 어민 500여 명은 전국 최초로 이런 관행을 깨고 산을 사용하지 않겠다고 선언했다. 대신 조수간만의 차를 이용해 햇볕과 해풍에 김 원초를 노출시키는 '자연 그대로의 방식'으로 김

어업인 110명이 무산 김 주민주식회사를 설립해 '전국 수산물 브랜드 대전'에서 대상을 수상한 무산 김

소비자의 식탁에 친환경 김을 올려놓는다는 자부심으로 친환경 생산과 하나하나 수작업으로 채취하는 무
산 김

을 생산하기로 한 것이다. 무산 김은 바다에 긴 대나무 말뚝을 박고 사이에 줄은 건 다음 여름내 키운 김 종묘를 붙이는 방식으로 양식한다. 이때 김발을 수심의 중간에 고정시키면 썰물 때는 김 원초가 바닷물 위로 드러나 햇볕과 해풍을 쪼이고, 밀물 때는 물에 잠기는 과정이 반복된다. 이 과정에서 파래나 이끼 등은 햇빛에 죽고 김만 살아남는다.

무산 김도 무농약 농산물을 재배하는 것처럼 일손이 많이 든다. 김 이외의 부산물을 일일이 수작업으로 건어내야 한다. 김 성장도 3일 정도 느리다. 생산량도 적다. 그러나 어민들은 식탁에 친환경 김을 올려놓는다는 자부심을 가지고 친환경 김 생산에 나섰다. 무산 김 양식은 해양생태계도 살렸다. 낙지도 평년보다 20% 이상 증가했고, 매생이는 2008년 이전보다 3배 이상 늘었다. 이참에 어민들은 유통 단일화를 위해 2009년 2월 '장흥 무산 김 주민주식회사'를 설립했다.

유통은 생산자와 소비자를 연결하는 것이다. 생산자가 별도 판매망을 거치지 않고 주민주식회사를 만들면 주주는 모두 생산자가 된다. 자기 회사이고 중간 이윤이 없으니 소비자에게 저렴한 공급이 가능하다. 초기에는 주식회사를 이해하지 못해 어려움이 많았지만 15차례에 걸친 주민 공청회와 김 양식 어가를 200여 회 넘게 방문해 어민들을 직접 설득시켰다. 마침내 2009년 2월 주민 주주로 110명의 어민이 참여했다. 초기자본금 6억 3,500만 원. 주민주식회사는 이렇게 출범하면서 김 물류기지와 저온 저장시설, 조미김 가공공장, 제품보관 등 각종 시설을 갖췄다.

무산 김 가공공장은 최신 가공 시스템을 도입하고 국제 위생기준인 HACCP(위해요소 중점관리제도)에 적합한 시설로 제품을 생산, 국내 유명 백화점과 대형마트 등에 공급하고 있다.

미국 농무성 인증USDA 등 국제 유기인증 획득은 국내시장을 넘어 미국 수출 길에 오르는 성과를 거뒀다. 어민들이 무산 김 양식을 선포한 지 4년여 만에 '무산 김'은 이제 장흥군의 대표 브랜드로 떠올랐다. 장흥군은 브랜드 보호를 위해 지리적 표시제를 비롯해 '무산 친정 김' 상표를 등록했다.

2010년 3월 나는 청와대에서 열린 국가고용전략회의에서 장흥의 '무산 김 주민주식회사'를 일자리 창출 우수사례로 보고해 참석자들의 박수갈채를 받았다.

이에 힘입어 시작한 것이 '장흥표고 주민주식회사'이다. 임산물의 경쟁력을 키우고 농가소득 증대를 위해 2011년 9월 설립한 표고 주민주식회사는 102농가가 자본금 7억 5,000만 원을 출자하여 표고재배 유통 및 판매와 재배농가 기술교육 등 실질적인 농가소득 창출을 위한 사업을 펼치고 있다.

또한 장흥군은 2013년 5월 현재 2,922농가에서 5만 7,419두의 한우를 사육하고 있다. 장흥에서 기르는 소가 장흥의 인구보다 많은 셈이다. 이에 지역경제의 한 축을 담당하고 있는 한우를 활용하여 만든 것이 '장흥한우 주민주식회사'이다.

2011년 10월 농업인과 일반 주민 등 165명이 자본금 20억 원을 출자하여 전국 최초로 설립한 장흥한우 주민주식회사는 한우전문 육가공공장 설치와 친환경축산물 생산, 장흥한우 유통업체 제휴 및 가맹점 확대, 산지 유통시스템 등을 도입하여 축산 농가의 소득향상에 크게 기여하고 있다.

친환경 건강 휴양도시, 로하스타운

농촌경제연구원의 '2007 농촌 정주수요 조사결과'에 따르면 전국 도시민 중 약 56.3%가 농촌으로 이주할 의향이 있는 것으로 조사됐다. 그러나 이들이 실제 농촌으로 이주하는 비율은 매우 저조하다. 이주 의향자들이 실제로 이주하기에는 농촌 환경이 아직도 열악한 탓이다.

장흥군이 추진하는 로하스LOHAS타운은 'Lifestyle Of Health And Sustainability'의 약자로 '건강과 친환경이 서로 어울리는 지속가능한 생활스타일' 형태의 생태휴양도시를 말한다.

정남진 로하스타운은 은퇴자와 새로운 삶, 제2의 인생을 계획하는 모든 이들에게 다양한 삶의 방식을 제공하고자 한다. 로하스타운은 은퇴자만을 위한 도시가 아니다. 중장년층의 새로운 삶을 출발하려는 사람들을

건강과 친환경이 서로 어울리는 지속가능한 생활 스타일 형태의 생태휴양도시 '로하스타운' 조감도

위한 공간이기도 하다.

장흥은 한반도 최남단에 위치해 사계절 따뜻한 기온과 천관산 도립공원, 제암산 등 수려한 자연경관을 비롯해 청정해역, 정남진 전망대, 토요시장, 억불산 편백숲 우드랜드, 탐진강 등 다양한 문화관광시설이 갖춰져 있다. 게다가 광주~장흥 간 4차선 도로개설과 목표~광양 간 고속도로가 개통되며 접근성도 크게 좋아졌다.

정남진에 들어서는 로하스타운은 주거 이외에 소득, 레저, 취미활동까지 보장해준다. 또한 통합의료센터가 들어오면 삶의 질 향상, 생태도시, 자립경제의 세 가지가 보장될 것이다. 생활편의시설이 있는 군청소재지, 특성화산업단지, 녹색휴양단지가 5분 거리에 있고 가까운 거리에 해양레저 활동이 가능하다. 이처럼 정남진 장흥은 로하스타운으로 최적의 장소이다.

은퇴자와 귀농·귀촌자, 산업단지 임직원 등 도시민을 대상으로 추진되는 로하스타운은 1,500세대 3,000명의 인구 유입을 목표로 하고 있다. 로하스타운이 완성되면 장흥은 한옥 및 목조주택, 전원빌라, 의료, 교육, 소득기반 시설 등을 두루 갖춘 신개념의 자립형 친환경 생태건강 휴양도시로 변모하게 될 것이다.

바이오식품산업단지 조성사업

장흥 바이오식품산업단지는 전남 장흥군 장흥읍과 인근 해당리, 향양리, 삼산리 일원에 있다. 낙후된 지역에 있긴 하지만 투자와 입지 여건은 뛰어나다. 우선 산업용지가 매우 저렴하여 기업들이 부담 없는 비용으로 입주할 수 있다. 주변에 수자원이 풍부하니 생활·공업용수가 충분하고, 주변은 산과 물이 어우러진 수려한 자연경관이 감싸고 있다.

다양한 교통망이 구축되어 있는 것도 장흥 바이오식품산업단지의 강점이다. 인근에 목포~광양 간 고속도로와 산업단지를 연결하는 전용도로가 개설될 예정이다. 국도 2호선이 인접해 접근성도 용이하다.

또한 장흥역이 1km 안에 있고 무안·광주공항, 목포·여수·광양 항구와도 닿아 있어 신규 사업을 발전시키기에는 더 없이 훌륭한 입지 조건을 갖추고 있다. 여기에 천연자원연구원이나 한방산업진흥원, 버섯연구소 같은 연구기관이 인근에 많아 산업인력 수급도 원활하고, 연계사업을 모색해볼 수도 있다.

장흥 바이오식품단지 기공식

장흥 바이오식품산업단지 조감도

　장흥 바이오식품산업단지는 전체 88만평의 면적 중 산업용지 61만 평에 음식료품과 화합물 및 화학제품, 조립금속, 정밀기계 등의 업종이 들어설 예정이며, 현재 (주)다솔 등 6개 업체에 분양이 된 상태이다.

　전남지역의 차세대 성장 동력이 될 장흥 바이오식품산업단지는 앞으로 중남부권의 지역산업 기반을 구축하고, 고용창출, 지역경제 활성화 및 지역 균형 발전을 도모할 수 있는 차세대 산업 동력으로 각광을 받게 될 것이다.

블루오션, 마필산업에 눈을 돌려야

　장흥은 따뜻한 기후로 초지의 생육기간이 길어 말을 방목하기에 가장 적합한 곳이다. 역사적으로도 장흥에는 조선시대에 벽사역이 있었고, 임진왜란 때에는 전쟁에 사용할 말을 관리하는 마장골, 군마훈련지인 활성안이 있었다. 그만큼 장흥은 말과 연관이 깊다.

　또한 한우 등 축산업이 발달된 지역이어서 풍부한 축산경험을 바탕으로 말을 키울 수 있는 여건도 충분히 갖춰져 있다. 장흥군은 토양환경, 기후, 수질 등 명필 말을 육성하기 위해 필요한 3대 요소를 모두 갖췄다.

　내가 말 산업에 깊은 관심을 갖게 된 것은 구제역 등 전염병에 대비하여 이를 보완할 수 있는 축산을 해야 한다는 구상을 하면서부터이다.

　말 산업은 활용 분야도 광범위하다. 경주마, 승용마, 재활치료 외에 고기로 먹는 비육마가 있다. 개인적으로 가장 비중을 두는 분야는 소득향상에 실제적으로 도움을 주는 비육마 축산이다. 말고기는 소고기보다 5

배나 가격이 높다. 말고기 육사시미는 조선시대 임금님 수라상에만 올랐다고 할 정도로 환상적인 맛 때문에 세계 미식가들로부터 사랑받고 있다.

이 밖에 승용마는 레저스포츠 외에 정신장애, 우울증 등 재활치료에 도움이 된다. 운동 만족도로 따져도 골프 18홀을 도는 것보다 말을 30분 타는 것이 더 만족도가 높다는 조사결과도 있다. 그만큼 승마는 운동효과가 좋아 현대인에게 선호도가 높다.

또한 장흥은 말 사육 집산지인 제주 및 전북 장수 한국마사회 경주마 육성 목장과 가까이 있어 마필 교배 및 경매 등을 연계하기에 좋은 지리적 조건까지 고루 갖췄다.

2011년 2월 말산업육성법이 국회를 통과하며 말 산업 육성의 법적 체계적 기반이 조성됐다. 이 법이 본격적으로 시행되면 국가 차원에서 폭넓은 지원이 이루어지면서 레저산업의 확대를 가져오고 국민적 수요도 폭발적으로 증가할 것이다.

장흥군은 2010년 12월 (사)한국말산업학회, (주)시티홀스, 달비채(농업법인), 서라벌대(마사학과) 등 5개 기관과 공동으로 말 산업 지원 MOU를 체결했다.

이들 기관은 말 산업 육성방안에 대한 연구 및 자문 등 상호 협력하며 말 산업을 활용한 농가 소득증대방안 공동모색, 말 관련 정보 및 정책의 상호교류 등 유기적인 상호협력 방안을 모색키로 했다.

2010년 12월 나는 장흥군청의 조직을 개편하면서 농업기술센터 내에 말 산업육성 담당 부서를 신설하고 축산 전문 공무원을 배치해 농업인이나 희망자를 대상으로 말 관련 기술습득 교육을 중점적으로 하고 있다.

새로운 블루오션 분야인 말 산업을 위해 장흥군은 2010년 12월 (사)한국말산업학회, (주)시티홀스, 달비채(농업법인), 서라벌대(마사학과) 등 5개 기관과 공동으로 말 산업 지원 MOU를 체결했다.

말 산업의 국내 경제파급 효과는 연간 2조 8,000억 원 규모로 어마어마하다. 장흥군은 새로운 블루오션 분야인 '말 산업' 육성을 위해 2012년 전국 최초로 13억 원을 들여 지자체 승마장을 유치했으며, 2013년에는 공공형 승마장을 건립한다.

또한 말 산업 기반구축을 위한 말 산업 중장기 계획수립과 말 관련 특성화고 개편, 말 트래킹 코스 개발, 말 사육농가 지원 등 다양한 마필산업 정책을 펴고 있다.

초과달성한 100억 원의 인재육성장학기금

농어촌 지역 인구가 줄어드는 가장 큰 원인은 자녀교육의 어려움과 일자리 부족을 꼽을 수 있다. 인재육성장학기금 조성사업은 지역의 우수 인재 외부 유출을 막고, 지역의 미래인재 양성과 교육도시로서의 명성을 되찾아 지역에 활력을 불어넣고자 실시되고 있다.

나는 군수에 취임 후 기존에 조성한 장학기금 20억 원을 토대로 2009년 교육과학기술부의 허가를 받아 재단법인 장흥군인재육성장학회를 설립하고 장학기금 100억 원 확대조성 목표를 본격화했다.

전 군민 동참 분위기 조성을 위해 군민 1인 1구좌 갖기 운동을 전개하고 출향 기업인 참여하기 등을 토대로 장학금을 모은 결과, 2년 만인 2011년에 당초 목표액인 100억 원을 넘어 현재 110억 원으로 기금을 초과달성했다. 물론 군비도 해마다 5억 원씩을 보탰지만 이보다는 군민과 향우와 자영업자 등이 나서서 몇천만 원씩 기부하는 등 자발적으로 도움을 준 덕분이다. 장학기금 조성사업은 주민들로부터 취지와 명분에 대한 확실한 동감을 얻고 있다. 기부자들도 기분 좋게 희사를 하고 있어 산업단지 가동이 되면 인재육성장학금은 더욱 늘어날 것으로 보인다.

인재육성장학금은 성적우수 학생 외에 기숙사를 지원하고, 영어 원어민 교사에게도 다양한 형태로 지원을 하고 있다. 체육특기자나 사법고시 합격생 등 고향 장흥 발전에 기여할 사람들이면 모두 지원 대상이다.

과거 장흥에는 고려시대의 공예태후를 비롯하여 유명한 인물들을 많이 배출했다. 〈관서별곡關西別曲〉을 지은 백광홍의 가사문학은 송강 정철보다 100년이 앞선 것으로 평가받는다. 최근에는 이기남 법무부장관, 강경양 경찰대학장 같은 인물이 있고, 특히 문학인들이 압도적으로 많다. 소설가 이청준, 한승원, 송기숙, 이승우와 시인 김녹촌, 이성관, 김영남, 이대흠 등 100여 명 이상이 현존 작가로 활동하고 있다. 이 밖에 김선두 중앙대학교 교수와 서양화가 박진화 화백 등도 유명하다.

인재 한 명은 지역을 송두리째 바꿀 수 있다. 따라서 인재육성을 위한 장학 사업은 아무리 과해도 지나치다고 할 수 없을 것이다.

사랑의 빚을 세상의 빛으로

2007년 6월 21일. 교통사고 소식을 듣고 병원에 도착했을 때 아내는 이미 운명한 뒤였다. 아내는 독실한 불교신자였다. 그날도 아내는 송광사에서 불공을 드리고 내려오던 길이었다.

아내는 비를 무척 좋아했다. 주룩주룩 내리는 빗소리를 특히 좋아했다.

아내가 교통사고로 숨지던 날도, 아내를 묻으러 산으로 가던 날도 공교롭게 비가 내렸다. 아내를 묻고 제사를 지낼 때에도 많은 비가 내렸다. 아내를 보내고 이사를 하던 그해 9월 어느 날에도 비가 억수같이 내렸다. 나는 이삿짐을 어머니와 딸에게 맡기고, 아내가 좋아하는 비를 종일 맞으며 거리를 걷고 사람들을 만났다. 하지만 아내가 좋아하는 비가 왠지 싫었다. 내 구두와 내 옷을 적시는 비가 아내의 눈물처럼 느껴져서였을까. 사랑하는 아내가 없으니 그 비는 더 이상 내게 아무 소용이 없었다.

살아생전 아내는 나의 성실한 운전사였다. 밤 12시든 새벽 1시든 "도청 옆 광주은행 앞으로 오라"고 하면 금방 달려오는 무보수 운전사였다. 어쩌다 12시에 오라고 해놓고 이야기가 길어져 새벽 1시에 술집을 나서면 아내는 "2시, 3시라도 좋으니 차타는 시간은 꼭 지키라"며 화를 냈다.

집사람과 나는 차 안에서 많은 대화를 나눴다. 그래서 우리는 휴일에도 계속 붙어 다녔다. 술을 좋아하는 내가 운전을 배우는 것을 아내는 싫어했다. 그런 아내가 이제 내 곁을 떠나고 없다.

아내가 없는 요즘 나는 기동력도 없고 순발력도 없다. 사람은 참으로 어리석은 존재다. 내 곁에 반쪽이 되어 머물러 있을 때에는 사랑한다는 말 한마디 하지 못하고, 떠나고 없는 지금은 그 품에 안겨 울고 싶어지니 말이다.

아내는 세상을 떠나기 전 장흥군에서 전남도청으로 인사발령이 났다는 이야기를 듣고 고민하던 내게 "오히려 잘된 일 아니냐"며 현재의 상황을 조목조목 짚어주었다. 그러고는 "당신이 마지막으로 열정적으로 매달려 하고 싶은 일, 꼭 해내고 싶은 꿈은 누가 뭐래도 당신의 의지에 달렸으며,

나는 당신이 그 일을 해낼 것으로 확신한다”고 용기를 심어주었다.

생전의 아내는 겸손했다. 자기주장도 하지 않았다. 아내를 아는 사람들은 그래서 모두 그녀를 좋아했다.

나는 군수 선거를 6개월 앞두고 아내와의 생이별을 했다. 떠나간 아내에게, 이제는 그 사랑을 돌려줄 수 없다. 대신 이제는 아내에 대한 사랑의 빚을 세상의 빚으로 여기면서 내 고향 장흥군을 향해 돌려주겠노라고 다짐하고 있다.

나의 인생철학, 일체유심조

“만일 어떤 사람이 삼세 일체의 부처를 알고자 한다면若人欲了知三世一切佛, 마땅히 법계의 본성을 관하라應觀法界性. 모든 것은 오로지 마음이 지어내는 것이다一切唯心造.”

‘일체유심조’는 《화엄경華嚴經》에서 가장 중요하게 여기는 게송이다. 일체유심조란 ‘모든 것이 마음으로 통찰해 보이는 경계로, 마음을 통해 생명이 충만함을 깨닫는 경계’다. 곧 유심은 절대 진리인 참 마음[眞如]과 중생의 마음[妄心]을 포괄하는 것으로, 일심一心과도 같다.

세상을 살아가는 동안 일체유심조의 원리 하나만 잘 활용하면 마음먹기에 따라 모든 것이 해결된다. 모든 것은 마음의 조화다. 일체유심조는 공직관이 될 수 있고, 인생관이나 가치관, 철학관도 될 수 있다.

나는 공무원생활 초기 때부터 일체유심조의 원리를 활용했다. 직장생활을 하다 보면 스트레스는 한도 끝도 없다. 특히나 실력이 없는 상사가 나에게 면박을 주면 기분이 무척 나쁘다. 그럴 때 스트레스를 푸는 방법은 한쪽 귀로 듣고 한쪽 귀로 흘려버리는 것이다. 갈등을 해소하는 방법으로 나는 '몇 년 후에는 내가 먼저 과장이 될 것이다'라는 목표를 정해놓고 살았다.

사람은 수많은 관계 속에서 산다. 부모, 형제, 친구 등 수많은 사람과의 관계 속에서 배우면서 살아간다. 사회생활을 하다 보면 필연적으로 갈등이 생긴다. 나는 어떤 상황에서든 '세상만사는 다 내 탓이고, 내 마음먹기에 달렸다'고 생각한다.

사람의 마음은 곧 우주의 중심이다. 따라서 '심리적 에너지 경영'을 잘해야 자기관리에 성공할 수 있다. 그래서 어떤 일을 할 때도 능동적으로 즐기려 했고, 긍정적 생각과 적극적 행동, 협조적 자세로 임했다.

불교의 일체유심조와 일맥상통하는 용어로 동학의 '불연기연不然其然'이 있다. 동학東學의 창시자 최수운崔水雲이 《동경대전東經大全》에서 남긴 사자성어다. 여기서 '연然'은 '그렇다'라는 긍정의 의미를 지니고 있다. '불연기연'을 풀이하면 '그렇지 않다, 그렇다'의 뜻이 되니 이는 '부정을 통한 대긍정'의 의미로 해석된다. 즉, 세상사가 처음에는 전부 부정적으로 보였지만, 시간이 흐른 뒤에 생각해보니 이해 못할 것이 하나도 없다는 대긍정을 이야기한 것이다.

예를 들어 누군가 술을 잘 마신다고 하면 술버릇, 주사酒邪라는 단점이 있게 마련이다. 술을 잘 먹는 사람은 친화력이 뛰어나고 화해가 잘되는 장점도 있다. 나는 여기서 '불연기연이니 기연을 선택하라'고 말한다. 즉, 상대방의 단점을 보지 말고 가급적 장점만을 보라는 것이다.

부정적으로 사물을 보는 사람은 평생을 그로 인해 스트레스를 받으며 산다. 그러나 모든 것을 긍정적으로 생각하고 받아들이면 상대방의 장점만 이야기하고 칭찬만 하게 되어 있다. 긍정적인 사람, 적극적인 사람은 무조건 성공한다. 술자리에서도 상사의 단점보다 장점만 이야기를 했더니 나를 잘 모르는 사람들조차 나를 좋게 보았다.

물론 말이 쉽지 이를 실제 행동으로 옮기는 것은 쉽지 않을 것이다. 그러나 노력을 할 충분한 가치가 있다. 덕분에 나는 '공무원 체질' 소리를 들으며 9년여 만에 빠르게 6급으로 승진했고, 공무원으로서 단체장이라는 최고의 위치까지 올라갈 수 있었다. 참고 인내하면 반드시 승리한다. 노력하면 자랑스러운 일이 반드시 따라온다. 이것이 나의 '일체유심조', '불연기연' 성공철학의 요체이다.

리더십보다 중요한 팔로워십

"한 알의 밀알이 떨어져 죽지 않으면 그냥 한 알의 밀알에 그치고 말지만 그 밀알이 땅에 떨어져 죽어 싹을 틔우면 수많은 알이 탄생되리라."

〈요한복음〉 12: 24

세상의 가치가 자신의 영달과 부, 그리고 편안함을 추구하는 요즘 사

공직자로서의 성공비결, 리더십과 시詩에 대하여 강의를 하고 있는 이명흠 장흥군수

회에서 밀알의 희생을 자처하는 사람이 얼마나 있을까. 그럼에도 음지에서 소리 없이 한 알의 밀알을 실천하는 사람이 있다면 아마 공직자일 것이다. 지방 도시가 이만큼이라도 유지되고 발전되는 것은 그 지역에서 묵묵히 일하는 공무원들의 희생과 봉사가 있기 때문이다.

나는 그런 공직자들에게 "내가 군수라면?", "내가 시장이라면?"이라는 생각으로 행정을 하라고 말한다.

공직자로서의 성공비결이 있다면 '긍정적인 생각'과 '적극적인 행동'

을 꼽을 수 있다. 그런 면에서 리더십도 중요하지만 더욱 중요한 것은 팔로워십Followership이다. 팔로워십은 전체적인 조직문화를 따라가는 것이다. 일찍이 아리스토텔레스는 "남을 따르는 법을 알지 못하는 자는 좋은 상사가 될 수 없다"고 했다. 상사를 잘 모셔본 사람만이 본인이 상사가 되었을 때 더 좋은 상사가 될 수 있다는 뜻이다.

자기 것만 고집하면 전체를 돌아보지 못하고, 부처 이기주의적 사고에 함몰될 수 있다. 감사부서 직원들은 잘못된 것을 찾으려고 혈안이다. 그러나 긍정적으로 해석해서 '감사부서에 있는 공무원들도 실적이 있어야 한다는 것'을 생각하면 그들의 입장을 쉽게 이해할 수 있을 것이다.

리더는 긍정적이고 적극적으로 즐기면서 일하되 책임을 질 줄 알아야 한다. 리더가 책임을 지는 리더십을 발휘하지 않으면 팔로워들도 진정한 팔로워십을 발휘할 수 없다. 따라서 리더라면 책임은 내게 있다고 생각하고 행정에 책임을 지려는 자세가 필요하다.

바람이 불지 않으면 바람개비를 들고 앞으로 달려 나가야 바람개비를 돌릴 수 있다. 아무리 큰 위기가 닥쳐도 공무원들이 적극성을 가지고 열심히 일을 한다면 군민들은 행복해질 수 있다.

공무원이 힘들면 군민이 편하고 공무원이 편하면 군민이 힘들다. 자신의 분야에 최고가 되는 것은 그 일에 열정이 있느냐 없느냐에 따라 판가름이 난다. 잘하고 싶다는 의욕과 열정이 있으면 5년, 10년 중장기 계획을 세워 스스로 나태해지지 않도록 주변관리를 철저히 하면서 세심히 살펴야 한다. 그리고 스스로를 독려하면서 꾸준히 노력한다면 자신의 삶을 한 단계씩 끌어올릴 수 있고 궁극적으로 자신의 목표를 달성할 수 있다.

이와 함께 모두가 긍정적 사고와 유연한 대처로 미래를 고민하고 '학이시습지學而時習之 불역열호不亦說乎'처럼 공무원이 배우고 익히는 자기계발, 자기 혁신에 충실할 때에 지역 발전의 새로운 비전과 희망을 찾을 수 있게 될 것이다.

위대한 장흥의 미래를 위하여

나는 지역을 책임지고 이끌어가는 단체장으로서 장흥군이 분명히 발전할 수 있음을, 군민들이 위대한 장흥을 만들어갈 것임을 호언장담을 하는 근거는 크게 두 가지다.

첫째, 장흥은 군민정서가 안정이 되어 있다. 장흥지역에는 심각한 갈등이 거의 없다. 갈등은 때에 따라 순기능 역할도 하지만 전체적으로 보면 역기능 측면이 더 많다. 그런 면에서 볼 때 갈등이 적다는 것은 군민화합과 결속을 다지는 데 도움이 된다.

둘째, 장흥은 문화적 기반이 뛰어나다. 장흥에서 뮤지컬 공연이 한 번 열리면 시골지역임에도 발 딛을 틈이 없을 정도로 문예회관은 관객들로 붐빈다. 가족들이 손에 손을 잡고 너도나도 문예회관으로 몰려들기 때문이다. 장흥의 저력은 이처럼 문화예술을 사랑하는 군민정신이 밑바탕이 되고 있다. 그러나 화합하는 군민정서와 문화를 사랑하는 군민정신보다도 더 중요한 것은 '군민 모두가 공유할 수 있는 가시적인 비전'을 공유하는 것이다.

장흥군에는 귀농·귀촌인들이 갈수록 늘어나고 있다. 이들에게 장흥군으로 정착하게 된 배경을 물으면 "활력이 넘쳐서 찾아왔다"는 답변을 많이 한다. 그리고 블루오션으로 대변되는 말 산업과 통합의학, 굴뚝 없는 관광산업을 꼽는다. 덧붙여 한우가 대한민국 최고 1등급이라는 사실을 든다. 이런 것들이 복합적으로 작용하여 장흥군의 발전을 견인해 나가고 있음을 알게 된다.

나는 '함께 달리는 장흥, 희망의 정남진으로'라는 슬로건을 내걸고 지금까지 장흥 발전에 혼신의 노력을 쏟아왔다. 또 장흥의 미래성장 동력 산업이 될 장흥바이오식품산업단지, 통합의료센터, 자연친화적 정주공간인 로하스타운 조성, 국민휴양지로 인기가 높은 편백숲 우드랜드를 비롯하여 토요시장, 정남진 전망대, 노력항 등 녹색 휴양건강도시 건설에도 매진해왔다.

그 결과 군 단위로서는 전국 유일의 여성친화도시, 세계보건기구 인증 우수 건강도시, 전국 지자체 최초 녹색친환경 그린시티, 안전도시, 녹색 생생도시 등으로 지정되어 품격도시 기반도 어느 정도 다졌다.

농어업 경쟁력 강화를 위한 한우 명품화, 말산업 육성, 장흥군의 대표 특산물 무산 김, 장흥한우, 장흥표고 특화를 위한 전국 최초 주민주식회사도 설립했다.

전국 생산량 1위의 무산 김, 낙지, 키조개, 매생이 등 수산물 브랜드 개발, 유통, 가공혁신을 통한 부가가치 창출, 노인·장애인 종합복지타운 건립과 국도 23호선 직선화로 사통팔달된 도로망 구축, 여름의 대표적 축제로 성공한 정남진 장흥 물축제는 '세계적인 물 엑스포'로, 통합의학 박람회는 '2016 장흥 국제통합의학 박람회'로 발전을 거듭해 나가고 있다.

과거 '낙후지역의 대명사'에서 벗어나 곳곳마다 관광객의 발길이 줄을 잇는 활력이 넘치는 장흥, '다시 찾고 싶고 살고 싶은 고장', '전남 중남부권의 거점도시, 희망의 장흥'을 건설하려면 군민정서와 문화와 예술을 사랑하는 군민정신이 가시적인 비전과 한데 어우러져야 가능하다.

위대한 장흥군민과 함께 하려는 훌륭한 공무원들이 있는 한 장흥의 미래는 밝다고 확신한다. 나는 내 고향 지역 발전과 위대한 장흥을 만들어가기 위해 임기 동안 나의 모든 역량을 쏟아부을 것이다.

이명흠 장흥군수

1949년 5월 13일 전라남도 장흥군 출생

학력	1967. 01	광주고등학교 졸업
	1971. 02	전남대학교 경제학과 졸업

경력	1972. 09 ~ 1976. 09	광주시청
	1976. 09 ~ 1992. 09	전라남도 여천시
	1992. 09 ~ 1994. 11	전라남도 공무원 교육원 교수
	1994. 11 ~ 1998. 03	전라남도 기획관리실, 경제통상국
	1998. 03 ~ 1998. 12	전라남도 총무국, 여수시 산단지원개발사업소장
	1999. 01 ~ 2002. 08	전라남도 여수시 산단지원개발 사업소장, 자치행정국장
	2002. 08 ~ 2005. 01	전라남도 지식기반산업과장, 환경보전과장, 관광진흥과장
	2005. 01 ~ 2007. 07	장흥군 부군수
	2007. 07 ~ 2007. 08	전라남도 행정지원과
	2007. 12 ~ 현재	장흥군수

저서	2007	《정남진 장흥, 희망을 쏘다》
	2008	월간 〈한국시〉 신인상 수상
	2012	시집 《여행 떠난 당신에게 부치는 편지》
	2012	시집 《한국의 얼 111展》(공저)

양평군수

김선교

단체장에게 가장 중요한 것은 지역에 대한 비전 제시와
올바른 정책구상을 통해 군민들의 심금을 울리는 것이다.

꿈이 있는 공무원들에게 당부하고 싶은 게 있다.

첫째, 자기관리를 잘하라는 것이다. 그러려면 음주운전을 하지 말아야 하고 사소한 금품수수도 하지 말아야 한다.

둘째, 창의적인 사람이 되라는 것이다. 어느 조직이든 20%의 창의력이 있는 사람들이 이끌어가고, 대부분의 60%는 지시받은 일만 하며, 나머지 20%는 분위기 파악을 못하는 경우들이다. 가만히 있어도 60세까지는 공직생활을 할 수 있다는 생각으로 안주하는 사람은 창의적인 사람이 될 수 없다. 조직에 필요한 아이디어를 내는 것은 하루아침에 되는 것이 아니다. 창의적인 사람이 되려면 끊임없이 배우고 연구하는 자세를 가져야 한다.

셋째, 지역에 대한 애정과 애향심을 가지라는 것이다. 공무원이 지역에 대한 애정이 없고, 애향심이 없으면 단위사업도 폭넓게 보지 못한다. 따라서 공무원들은 비전을 갖고 지역의 먼 미래를 바라보며 정책을 기획하고 결정하는 혜안을 가져야 한다.

물의 고장 양평에는 보석 같은 아름다움이 곳곳에 자리하고 있다. 특히 두물머리는 영화, CF, 드라마 촬영지로 인기가 높고 신혼부부들이 가장 선호하는 야외 웨딩 촬영지다.

태어나서 주소도 한 번 옮긴 적 없는 양평토박이

나는 1960년 양평군 옥천면 냉면마을에서 3남 2녀의 장남으로 태어났다. 태어나서 주소를 한 번도 옮긴 적 없이 지금까지 양평군 한 지역에서만 살았다.

양평군은 양평해장국으로도 유명하지만, 살기 좋고 매력이 넘치는 지역이다. 맑은 물, 깊은 계곡, 높은 산, 남한강에서 조개와 달팽이를 잡고, 물고기를 잡던 추억들, 농부이신 아버지를 따라 감자를 캐고 고추를 따던 어린 시절의 아련한 추억이 고스란히 담긴 정겨운 곳이다. 지금도 깔딱메기 두세 마리와 라면 1개를 끓여 먹고 싶은 생각이 절로 든다.

양평에서 자라는 동안 규제가 많고 소득이 낮다 보니 힘들었던 적도 많았다. 내가 어렸을 때에는 전형적인 농촌산간 지역인 양평군 전체가 형편이 어려운 시절이었고, 특히 부모님 세대가 가장 고생이 많았다.

4년 가까이 국토해양부와 환경부를 찾아다니며 허가를 받아 만든 세미원과 연결되는 정조대왕 배다리.

1972년 양평군에 물난리가 심하게 난 적이 있다. 그때는 양평군에 호안공사가 제대로 되어 있지 않았을 때로 양근리 마을 전체가 물바다가 된 적이 있다. 이후 1972년 정부가 팔당댐을 건설하였고 이때부터 양평군은 대한민국에서 가장 규제가 심한 곳으로 바뀌었다.

무엇보다도 수도권에 식수를 공급하다 보니 각종 규제가 많았다. 상수원 보호구역, 특별대책지역, 수도권정비계획법에 의해 자연보전권역과 더불어 군사시설이 많아 군사시설 보호구역, 개발제한지역 등 규제법만 해도 13가지가 넘었다.

1972년 이전만 해도 양평군의 인구는 12만 명을 웃돌았다. 그러던 것이 점점 줄어서 7만 5,000명까지 감소했다. 생산기반시설이 없어 먹고 살 길이 막막해지자 하나둘 고향을 떠났기 때문이다. 양평군민들이 주로 이주해 간 곳은 서울시 중랑구, 노원구, 청량리역 동대문구 주변과 구리시, 성남시 등이었다.

어려서부터 지역에 애정이 많았던 나는 어른이 되면 반드시 내 고향 양평을 발전시켜보겠다는 다짐을 늘 하곤 했다. 내가 공무원이 된 것도 이와 무관치 않다.

어려웠던 학창시절의 추억, '외상 짜장면'

어렸을 적 장마가 졌을 때 멋도 모르고 수영을 하다 깊은 물에 떠내려 간 적이 있었다. 당시는 고무신만 신고 다니던 시절이었다. 그런데 부모님께서 어렵게 사주신 하얀 스파이크 운동화를 신고 들어갔는데 물속에서 허우적거리다 보니 운동화가 점점 무거워졌다. 할 수 없이 운동화를 벗어던지고 친구가 건네준 줄을 잡았다. 물속에서 간신히 빠져나오긴 했지만 운동화를 잃어버렸다는 죄책감에 집으로 돌아갈 수가 없었다. 고민을 하다가 용기를 내어 어머니에게 운동화를 벗어던지고 간신히 살아나왔다는 자초지종을 말씀드렸다. 어머니는 "웃으시면서 잘했구나. 운동화 때문에 목숨을 잃었으면 어쩔 뻔했느냐?"면서 운동화 이야기는 더 이상 꺼내지 않으셨다. 지금도 그 동네를 지나면 물에 빠져 허우적거리던 그때의 기억이 떠오른다.

초등학교 때에 합승 형태의 미니버스가 다녔다. 그런데 나는 차비가 없어서 옥천에서 학교까지 8km나 되는 거리를 걸어 다녔다. 양평중학교에 입학한 후 2학년 때에 도로가 아스팔트로 포장되자 아버지가 통학용 자전거 한 대를 사주셨다. 나는 고3 때까지도 수업료를 제때에 낸 기억이 없다. 1년에 네 번 분기별로 내는 수업료를 두 번은 누에고치를 팔아서, 두 번은 벼농사로 수매를 해서 냈기 때문이다. 누에고치가 여무는 날짜와 벼 수매 날짜는 정해진 게 아니어서 수업료 납부기일을 지키기가 어려웠다. 학교 종례시간이 되면 가슴이 두근두근했다. 선생님은 "수업료를 언제 낼 것이냐?"며 지겨울 정도로 다그치셨다. 그 바람에 내 심성도 조금은 비뚤어졌다.

당시 체육대회를 하면 남학생 여학생이 따로 했는데 남녀 친구들과 함께 모여 소주를 마시다 걸려 벌을 서고, 심지어 반성문도 많이 썼다. 이러다 보니 당연히 공부를 열심히 한 기억이 없다. 부모님도 농사를 지을 적에는 아예 공부하라는 소리는 하지도 않았다. 설령 내일 시험을 본다고 해도 논에 일하러 가야 했다. 집에 늦게 들어와서도 뽕잎을 따서 누에에 주고 나면, 소꼴도 베야 했다. 그만큼 힘들게 학교를 다녔다. 지금 아이들 같은 여건이었다면 나도 공부를 잘했을 것이라는 생각을 해보곤 한다.

지금도 떠오르는 고교 시절 추억이 있다면 외상으로 먹던 짜장면 맛이다. 우리가 외상으로 시켜 먹던 중국집은 맛도 좋았지만 양을 엄청 많이 줬다. 학교급식이 없던 그 시절, 도시락을 두 개 싸서 학교에 가면 점심용 도시락은 오전 11시에 비우고 저녁용 도시락은 오후 3~4시면 해치웠다. 늦게까지 공부를 하면 허기를 달랠 길이 없었다. 그러면 단골집에서 외상으로 짜장면을 시켜 먹은 뒤 부모님에게 용돈을 받아서 외상값을 갚았지만 갚지 못하는 경우도 많았다.

고등학교 졸업식 날 졸업장을 받으러 갔는데 가장 눈에 띈 사람이 짜장면 집 아줌마였다. 외상값을 갚을 길이 없었던 나는 주인 아줌마와 마주치지 않으려고 졸업식장에서 숨바꼭질하던 기억이 지금도 선하다.

부모님의 가르침과 공직 입문

나의 아버지는 식도암으로 일찍 돌아가셨다. 아버지는 담배를 무척 즐겼는데 일터에 나가면 하루에 두 갑씩 피웠다. 그러다 담배가 떨어지면 일하시다 말고 나보고 담배를 외상으로 사오라고 심부름을 시켰다. 내가 차마 외상으로 달라고 하지 못해서 "담배 가게가 문을 닫았다"고 거짓말을 하면 성격이 급한 아버지는 담배가 없다고 일을 하지 않았다. 그러면 어머니가 쌀을 팔아서 담배를 사왔다. 그런 기억 때문에 나는 지금도 담배를 피우지 않는다.

아버지는 평생 농사만 지으셨다. 집성촌에서 사셨기에 종가 일도 많이 보셨고, 한학에 일가견이 있으셨다. 그런 아버지가 우리에게 물려준 가훈은 '착하고 바르게 살자'였다. 어머니도 우리에게 항상 "정도의 길을 걸으라"는 말씀을 굉장히 많이 하셨는데 이런 교훈들은 커가는 동안 지금의 내게도 많은 영향을 미쳤다.

1979년 고등학교를 졸업한 후, 1년 가까이 농사일을 도왔다. 그러다가 틈틈이 공부를 하여 9급 공무원 시험에 합격했다. 내가 공무원이 된 것

은 대학에 가고 싶은 열망보다 장남으로서 의무를 다해야 한다는 책임감
이 더 컸기 때문이다.

1981년 첫 발령을 받아 간 곳은 양평군 서종면사무소, 양평군에서도
가장 오지에 있는 면사무소였다. 우스갯소리지만, 그때만 해도 빽이나
힘이 없는 사람들은 오지로 발령을 냈다. 버스도 두세 번 갈아타야 하니
출퇴근도 할 수 없고 무조건 하숙을 해야 하는 상황이었다.

발령을 받은 첫날은 방을 구하지 못해 숙직자와 함께 잤는데 그 분이
어찌나 코를 골아대는지 한참 긴장한 상태에 소음까지 더해 전혀 잠을
이룰 수 없었다. 첫 봉급은 8만 원을 받았다. 하숙비 4만 원과 각종 회비
를 내고, 동료 및 지역주민들과 유대를 갖다 보니 돈이 턱없이 모자랐다.
다행히 6개월간의 시보기간을 마치면서 고향 옥천면으로 발령이 났다.
집에서 출퇴근을 할 수 있게 되자 시간을 할애해 방송통신대학의 문을
두드렸다. 직장을 다니면서 공부하기란 쉽진 않았다. 학업의 병행과 더
불어 대한민국의 남자라면 당연히 해야 할 병역의 의무를 수행하기 위해
1981년 11월 군에 입대했다. 충북 증평 37사단에서 교육을 받고 전방 28
사단 보충대에 편입되어 만기 제대했다.

행정의 본질을 알게 한 27년 공무원생활

제대 후 복직을 하자 강하면사무소로 발령이 났다. 농촌지역 식량증산
정책으로 통일벼 수매를 하던 시절, 양평군이 퇴비증산 1등을 했다. 현장
에서 열심히 노력한 덕분에 승진을 해서 고향 옥천으로 갔다가 1986년

처음으로 군청 건설과로 발령을 받았다.

이듬해 도에 있던 조병돈 현 이천시장께서 건설과장 직무대리로 오셨다. 나는 건설과의 회계업무를 보면서 관사에 살던 조병돈 과장을 모시며 많은 것을 배울 수 있었다.

1994년 6급 최연소 계장으로 승진한 이후, 양평읍사무소에서 1년여를 근무하다가 민선군수가 취임하자 1995년 언론사 기자들을 담당하는 홍보기획계장으로 발령을 받았다. 그 후 본청의 기획계장, 홍보기획계장을 거쳐 초대 민선군수 비서실장으로 발탁되어 1년 6개월 근무하다가 만 39살의 나이에, 공직 입문 20년 만에 최연소 옥천면장으로 발령을 받았다.

옥천면에서는 아버지의 친구 분들께서 이장 업무를 볼 때였다. 이들은 "친구 아들이 면장으로 부임하였는데 우리가 그 밑에서 이장을 계속해야 하느냐?"면서 푸념을 했다고 한다. 주변 사람들도 엄청나게 걱정했지만 아랑곳하지 않고 면장 업무에만 충실했다.

옥천면장으로 재임하던 1년 6개월 동안 나는 아침 일찍 일어나면 미화원과 관내 순찰도 함께 도는 등 부지런해지려고 무던히 노력했다. 경운기를 같이 타고 짐도 같이 내려주다가 샤워하고 출근했다. 오전에 자전거를 타고 시내를 한 바퀴 돌면, 오후에는 다시 면사무소 1톤 더블캡 트럭을 타고 관내를 돌아보았다.

미화원과 순찰을 돌면 가로등이 어느 것이 고장 났는지 맨홀이 어디가 열려 있는지 금방 파악이 됐고, 그날 즉시 고칠 수 있었다. 면민들도 점차 나의 부지런한 일과를 알게 되었다. 나는 밥도 옥천이 아니면 먹지 않을 정도로 고향 옥천에 열정을 쏟아부었다.

이후 문화관광과장으로 재직하던 2년여 동안은 관광체육 업무 발전에 최선을 다했다. 나의 별명은 '안 되는 것이 없는 사람'이었다. 뚝심하면 나를 따라올 사람이 없을 정도였다. 나는 목표를 설정하면 목표를 달성하기 위해 늘 노력했다.

용문면장으로 재직하던 시절에는 최대 현안이 용문체육공원을 조성하는 일이었다. 체육공원 건립 후보지를 정해서 매입을 추진했다. 그러나 지역에 땅을 소유한 농민들과 현직 도의원, 군의원이 반발해 번번이 무산됐다. 체육공원후보 부지 2만 평 중에 서울 등 타지 사람들이 소유한 땅도 절반이 넘었다.

나는 땅 소유주 집을 평균 30~40회 가량 찾아갔다. 처음에는 문도 열어주지 않았다. 그러면 새벽에 일찍 서울까지 가서 집 앞에서 기다리다 출근하는 땅 주인에게 인사만 하고 돌아왔다. 한 번 만났을 때와 두 번 만났을 때 그들의 생각도 달라졌다.

나중에는 "저렇게 쫓아다니는 면장의 열정이 대단하다"면서 자기네 스스로 모임을 만들고, 추진위원회를 구성해서 용문체육공원 부지를 매입하는 데 자발적으로 협조해줬다. 27년간의 공직생활을 통해 터득한 진리는 '뜨거운 가슴으로 일하면 그 진심은 통한다'는 것이다.

도전, 9급 공무원의 성공신화

양서면장으로 자리를 옮겨 근무하고 있을 때 선거법 위반으로 조사를 받던 전임 군수가 안타깝게도 당선 무효를 선고받아 자리에서 물러나야 했다. 갑자기 공석이 된 군수 자리를 놓고 지역이 전체적으로 흔들렸다. 이때부터 나 역시 깊은 고민이 시작됐다.

당시 양평군의 정서는 보수적인 경향이 강했다. 따라서 집권여당의 공천을 받기만 하면 당선이 된다는 분위기였다. 11명의 후보들은 모두가 당의 공천을 받으면 곧 당선이라는 생각으로 분주하게 움직였다. 나도 당의 사무실을 찾아가 보았지만 우호적인 분위기가 아니었다. 당에 대한 공헌도 없었고, 무엇보다도 현직 면장을 바라보는 그들의 시선은 차갑기만 했다. 더구나 나는 나이도 어렸다.

나의 고민은 깊어졌다. 아내가 맞벌이를 하는 것도 아니어서 선거자금을 마련할 방법도 막막했다. 정치 경험도 부족하여 출마 결정이 이른 감마저 있었다. 그렇다고 찾아온 기회를 놓치고 싶진 않았다.

고민에 고민을 거듭하다 아내에게 알리지도 않고 명예퇴직을 신청했다. 명퇴서류를 받아든 부군수의 얼굴은 "당선 가능성도 없는데 왜 명퇴 신청을 하느냐?"는 표정이 역력했다. 이에 아랑곳 않고 인사를 한 뒤 돌아서면서 꼭 당선이 되겠다고 다짐했다.

아내에게는 퇴임식 날 아침에 비로소 명퇴 사실을 알렸다. 아내는 얘기를 듣자마자 눈이 퉁퉁 부을 정도로 눈물을 쏟아내더니 뒤늦게 퇴임식장에 나타났다. 명예퇴임을 하는 자리에서 나는 27년 6개월의 공직생활 소감은 한마디도 하지 않았다. 그저 군수로 당선이 되면 할 일에 대해서만 언급했다. 아내는 흐르는 눈물만 닦고 있었다.

선거운동이 본격적으로 시작됐다. 내가 무소속 후보로 출마를 선언하자 이전에 도와준다고 했던 사람들이 등을 돌리는 경우가 생겼다. 심지어 내게 저녁까지 사주며 도와주겠다던 사람이 3일 후 상대후보 진영에서 선거운동을 하는 것을 보니 인생무상이 느껴졌다.

선거 판도는 계속 출렁였다. 당에서 공천을 받지 못한 사람들이 당을 뛰쳐나오고, 지지율이 높았던 후보가 공천을 못 받자 무소속 출마의사를 밝히는 등 파란은 계속됐다. 그 사이 정당 후보의 지지율은 조금씩 하락하고, 나의 지지율은 조금씩 상승했다. 내가 받은 퇴직금은 법정 선거비용을 간신히 치를 정도였다. 선거를 일주일 앞두고 실시한 마지막 여론조사에서 상대후보와 나의 지지율은 1.2% 차이가 났다. 이때부터 죽기 살기로 선거운동을 했다.

유세를 할 때에는 구두와 운동화를 벗고 "군수로 뽑아 달라", "양평을 살리고 싶다"면서 유권자들에게 적극 호소했다. 그렇게 유권자들을 찾아다니면서 지역을 한 바퀴 돌자 "정말로 군수가 하고 싶으냐?"면서 물어오는 사람들도 있었다. 선거를 사흘 앞두고는 비린내 나는 생선국물이 무릎에 젖건 말건 아랑곳 않고 시장 바닥에서 군민들에게 절을 하면서 유권자들에게 내 몸을 던졌다. 정당 후보는 이미 선거가 끝났다며 귀가하던 그 시각에 나는 야간자율학습을 마친 자녀들을 데리고 귀가하는 부모들에게 자정 직전까지 길거리에서 엎드려 큰절을 올렸다.

이후 집에 들어가서는 어떻게 잤는지도 모를 정도로 곯아떨어졌다. 아침에 일어나 아내와 같이 투표를 한 뒤 찜질방에 가서 휴식을 취하는데 여성 세 분이 옆에서 나누는 대화소리가 들렸다. 세 명 중 두 명이 나를 찍었다는 말을 들으니 기분이 무척 좋았다.

저녁 6시 방송사의 출구조사 결과가 발표됐다. 내가 상대후보에게 8%

정도 뒤지는 것으로 나타나자 선거운동원들의 얼굴이 순간적으로 노랗게 변했다. 사무실은 완전히 초상집 분위기였다. 그러나 나는 마음이 무척 평온했다. 선거운동원들에게 "어젯밤 꿈자리가 좋았으니 기다려보자"고 안심을 시켰다.

개표가 시작됐다. 여론조사 결과 150표 뒤지는 것으로 나온 지역에서 오히려 150표를 이겼다. 양평읍도 여론조사에서는 뒤지던 곳인데 상당한 표차로 내가 이겼다. 고향 옥천에서는 정당 후보가 13%, 무소속인 나는 70% 이상 득표했다. 결국 956표 차이로 나는 역전승을 거뒀다. 9급 공무원의 성공신화가 현실화되는 순간이었다.

표 분석을 해보니 내가 면장으로 근무한 곳마다 몰표가 나왔다는 사실을 알게 되었다. 지역주민들에게 진심을 다하는 것이 중요하다는 것을 한 번 더 절실하게 느꼈다. 이후 2010년 선거에서 군수로 재출마했을 때에는 67%의 득표를 얻어 경기, 서울을 포함한 지역에서 최다득표로 당선됐다. 나의 고향 옥천면에서는 유권자의 81%가 나를 지지해주었다. 지금도 나를 지지해준 주민들을 생각하면 한없이 고마운 마음에 뜨거운 눈물이 흐른다.

군정수행 원칙 '365운동'

나는 학창시절 운동을 무척 좋아했다. 내 고향인 옥천면은 초등학교가 한 학년에 3학급뿐이었다. 당연히 운동회가 열릴 때마다 배구선수로 나가고 축구선수로도 나가고, 육상선수로도 선발되어 뛰었다.

중·고등학교는 물론 사회에 나와서도 옥천면사무소에 근무하는 동안 면 대표로 10년을 또 뛰었다. 젊었을 때에는 몰랐는데 나이가 들어 병원에 갔더니 무릎 인대가 파열되었다는 사실을 뒤늦게 알고 물리치료를 받느라 한동안 고생을 했다.

요즘 운동은 아침에 이따금 테니스장을 가는 정도가 전부이다. 지금은 매일 오전 5시면 어김없이 양평 군내를 산책하거나 자전거를 탄다. 산책을 하면 지역민들의 의견을 자연스럽게 들을 수 있어서 좋다. 오다가다 만난 사람들로부터 화장실이나 가로등의 문제점을 파악할 수 있고 산책하는 동안에도 단순한 산책이 아니라 현장을 꼼꼼히 확인하면서 고장 난 가로등, 이 빠진 보도블록까지 세심하게 살핀다.

나는 군수에 당선된 이후, 군정수행의 원칙을 '365'로 정해 실천하고 있다. 내가 하는 '365운동'은 '300명 이상 모여 있는 장소에는 반드시 가서 현장의 소리를 듣고, 60명에게 안부전화를 하며, 5명과 마주보고 앉아 이야기를 듣는 것'이다. 이를 통해 현장의 소리를 듣다 보면 주민들이 원하는 행정을 펼쳐나갈 수 있다. 결국 모든 문제의 원인은 현장에 있고, 해결방법도 현장에 있다. 행정은 현장 중심이어야 한다는 것이 소신이며, 이를 실천하기 위한 나름의 방법이 '365운동'인 것이다.

군수결재권을 1%로 하향조정하고 현장간부회의를 하다

양평군의 새로운 선장인 군수가 된 이후, 나는 민원처리와 행정서비스 실천을 위한 조직개편 및 행정의 일대 변혁을 시도해 언론과 주민들로부터 호평을 받았다. 이때 처음 시작한 것은 회의시간 단축과 보고서를 간결하게 할 것, 결재권의 하향조정을 비롯한 10대 실천과제를 제시했다.

군 청사 출입문 입구에는 안내원을 배치하여 방문자의 편의를 제공하도록 했고, 월 2회 참석하던 읍면장 회의도 1회로 줄이는 대신 '현장행정 강화'에 역점을 두도록 회의문화도 개선해 나갔다. 덕분에 군수결재는 하루 3~5건 정도에 불과할 정도로 줄어들었다.

간부회의도 한 달에 한 번 하는데 보통 7시 30분에 시작해서 일과시간이 시작되기 전인 9시에 회의를 모두 마친다. 초창기 내가 군수로 취임했을 때의 실·과·소장 및 읍·면장들은 공무원시절 나보다 다 위에 있었던 상사들이었다. 나는 보고도 서류로 받지 않고 "보고자가 생각이 나는 대로 이야기하라"고 했다. 이는 간부공직자들의 업무 몰입을 높여주는 결과를 낳았다.

행사장에서 하는 군수 인사말과 축사도 직원들의 불편을 덜어주기 위해 혼자서 준비한다. 현충일, 또는 군민의 날을 비롯하여 웬만한 행사들은 모두 즉석 스피치로 짧게 한다. 사실 군수가 축사나 인사말을 길게 해서 좋아할 사람들은 별로 없기에 나도 상식선에서 간단하게 언급하고 끝낸다.

결재도 마찬가지다. 팀장이나 부서장, 부군수선에서 완결되도록 하향조정했더니 결재를 올리는 공무원들이 무척 좋아한다. 굳이 결재에 참여하지 않아도 현장을 다녀보면 파악이 가능하다. 거짓 보고를 하는 직원들이 간혹 있지만 이런 직원들은 내가 현장을 반드시 확인하기 때문에 금방 들통이 난다.

특히 원스톱 서비스는 군수가 되자마자 이것만은 정착시켜야겠다고 한 것들이었는데 제대로 적중이 되어 효과를 발휘하고 있다. 업무용 차량도 팀별로 사주어서 팀별로 타고 다니도록 하고 있는데 업무 처리에 많은 도움이 된다는 소리를 듣고 있다.

자전거 여행의 천국, 달려라 양평

수도권 전철이 개통이 되면서 폐철도가 생겼다. 철도시설공단은 돈이 되는 레일과 침목은 모두 걷어갔다. 레일도 없고 침목도 없고, 흙밖에 없는 황폐화된 철길을 어떻게 활용할 것인가?

폐철도의 활용방안을 놓고 고민에 고민을 거듭하는 동안 자전거길을 만들어보자는 생각이 떠올랐다. 자원을 재활용한다는 의미도 있었다. 안전행정부에 폐철도를 공유한 남양주시와 공동으로 논의한 내용을 제안했더니 '좋은 아이디어'라며 특별교부세의 지원을 약속했다.

116억 원은 특별교부세로 받고, 38억 원은 경기도가 부담하고 나머지는 양평군이 부담하는 형태로 자전거도로 조성에 나섰다. 레일이 철거된 북한강 철교 상부는 친환경 목재를 사용하고, 바닥 일부는 투명소재를 깔아 강물을 내려다볼 수 있도록 했다. 2011년 10월 남한강 자전거길이 개통됐다. 남한강 자전거길은 월평균 4만여 명이 다녀가고, 주말이나 휴일에는 하루 4,000~5,000여 명이 자전거타기를 즐기고 있다.

야간에 조명을 비추면 양수철교자전거 도로는 환상적인 운치를 자아낸다. 초소에는 이노베이션 안내 카페도 설치했다. 덕분에 양평군은 안

안전행정부 주관의 '아름다운 자전거길 평가'에서 대상을 받은 양평의 자전거길

전행정부 주관의 '아름다운 자전거길 평가'에서 대상을 받았다. 자전거 길은 아직까지 예산이 부족해 하드웨어에만 중점을 두고, 연계 프로그램 운영이나 콘텐츠 개발 등의 소프트웨어는 아직 만족스럽지 못한 상황이다. 그러나 양평을 자전거여행의 천국으로 만들기 위해 브랜드를 선점하고, 향후에는 발 빠른 홍보 전략과 다양한 콘텐츠 개발을 통해 양평 자전거길의 비전과 전략을 수립해 나갈 생각이다.

또한 해마다 5월에는 양평 산나물축제와 함께 남한강 자전거길 페스티벌을 개최해 전국의 자전거 동호인들에게 남한강 자전거길을 통해 양평의 맛과 멋을 홍보하고 체험할 수 있는 기회를 제공하고 있다.

양평 관내에 자전거 대여소 2개소와 자전거 거치대 21개소를 설치했고, 어린이와 자전거 초급자를 위한 자전거 안전교육장도 설치해 자전거 이용이 대중화될 수 있도록 다방면으로 정책을 펼치고 있다.

자전거 이용객이 늘어나면서 자전거로 인한 사고에 대비해 남한강 자전거길 양평 구간(양수리 철교~개군 상자포리 31km)에 대한 자전거보험도 가입했다. 양평군은 남양주시와 양평을 잇는 55.9km의 강변 자전거길과 지역 명소를 연계한 기반을 중심으로 전국 최초의 바이크 특구를 조성할 계획이다.

서울 및 수도권에서 한 시간 이내에 접근이 가능한 양평구간 자전거 길이 개통되었다는 것은 전국적으로 보면 인천에서 출발하여 서울을 거쳐 남한강과 소백산을 넘고 낙동강을 건너 부산까지 이어지는 장장 702km 국토를 종주하는 자전거길이 시작되었다는 뜻이다. 이는 양평이 이런 곳들을 연결하는 중심축이 된다는 의미도 담고 있다.

양평 자전거 강변로는 무엇보다도 기존 시설을 활용하여 환경 훼손을 최소화했다. 또한 경사도가 완만해 남녀노소 누구나 즐길 수 있다. 자전거길은 자전거 마니아들에게 품격 있는 레저 활동 공간을 제공함은 물론 지역주민들의 소득증대에 활력이 될 것으로 기대하고 있다.

전국 최초의 '군립미술관' 건립

"미술관이 마법 같아요, 더 이상 바랄 것이 없어요.", "법칙을 깨어놓은 신선함에 즐거웠어요.", "감동과 감격! 감사합니다. 양평 짱!" 군 단위에서는 처음으로 건립한 양평군립미술관에 쏟아진 일반 관람객들의 찬사의 표현들이다.

양평군에는 지방행정 구역 중에서 인구 대비 예술인들이 가장 많이 살고 있다. 예술인 중에서도 미술인들이 가장 많다. 이들은 전국에서도 이미 검증을 받은 화가들이다.

"먹고 살기도 힘든데 웬 군립미술관이냐?"는 비판에도 불구하고 군 단위에서는 전국 최초로 군립미술관을 건립할 수 있었던 것도 실은 이들 화가들이 있기에 가능했다. 여기에 양평군을 예술특구로 지정 받으려면 미술관 정도는 있어야 한다는 여론도 한몫했다.

다행히 문화체육관광부와 경기도에서 국·도비 36억 원을 지원해준 덕분에 군비 43억 원을 보태 지하 1층, 지상 3층 연면적 4,184m² 규모의 현대식 미술관을 지을 수 있었다.

양평군립미술관은 2011년 12월 16일 개관 이후 이곳을 왔다간 관람객들의 입소문을 타면서 인기몰이를 계속하고 있다. 고리타분한 군립미술관이 아닌 대중의 눈높이에 맞춘 차별화된 전시관 운영으로 명성을 얻고 있는 것이다.

군립미술관은 개관 이후 주로 기획전시회를 개최하고 있다. '마법의 나라, 양평', '맛의 나라', '가족', '신나는 미술전'에 이어 주말체험교육과 여름방학특별 프로그램, 현장체험 그리기 등 교육사업과 함께 음악회, 어린이 연극, 학술대회, 어린이 미술 실기대회 등 부대사업도 펼치고 있다.

미술관은 그동안 '양평을 빛낸 원로작가 시리즈', 'K-Classic뮤직페스티벌', '개관 1주년 라이트 전시회', 한국과 독일의 문화교류전인 'Change-Exchange 만남' 등 다양한 기획전시회를 통해 전문미술관이라는 평가를 받으며 다른 미술관과의 차별화를 시도했다.

그 결과 양평군립미술관은 10만 명이 넘게 다녀갔다. 지금은 학생들 학습프로그램을 운영하여 어린이에서 유치원까지 미술체험을 하는 현장학습 공간으로 활용되면서 성공한 미술관이라는 평가를 받고 있다.

국어교과서에도 실린 황순원문학관 소나기마을

2009년 6월 13일 황순원문학관이 개관됐다. 우리나라에서 가장 규모가 큰 문학관이다. 눈으로 감상하는 문학관들과 달리 황순원문학관은 관람객들이 직접 소설 속 주인공으로 변신하는 이색적인 테마공원이다.

황순원 작가는 평안남도 출신의 실향민이다. 그의 묘는 충남 천안 풍

대중의 눈높이에 맞춘 차별화된 전시관 운영으로 인기몰이 중인 양평군립미술관과 관람객들이 직접 소설 속 주인공으로 변신하는 이색적인 테마공원인 '양평 황순원문학촌 소나기마을'

산공원에 안치되어 있었다. 그럼에도 그를 기리는 황순원문학관은 작가와 아무 연고도 없는 경기도 양평군에 세워진 것이다.

황순원 선생의 고향은 이북이지만 생애의 대부분을 남한에 살면서 《소나기》, 《별》, 《카인의 후예》, 《나무들 비탈에 서다》 등 많은 작품을 남겼다. 그는 또한 23년 6개월 동안 경희대학교 국문학과에 봉직하면서 수많은 문인작가들과 교수들을 길러냈다.

2000년 9월 선생이 타계하자 그의 제자들과 교수들이 선생의 문학을 온 국민들이 체험할 수 있도록 하자는 데 의견을 모았다. 문제는 장소였다. 황순원의 대표 작품인 《소나기》에는 '내일 소녀네가 양평읍으로 이사 간다'라는 내용이 나온다.

이를 토대로 2003년 황순원 작가가 근무하던 경희대학교와 자매결연한 인연을 살려 황순원 작가의 대표소설 소나기를 배경으로 문화테마공원을 조성하자고 제의했다. 필요한 예산은 문화체육관광부의 도움을 받기로 하고 부지는 양평군이 주선했다. 김유정 박물관장을 맡고 있는 황순원 작가의 제자인 전상국 교수가 예산 확보에 큰 도움을 주었다.

마침내 양평군 서종면 수능리 산 74번지 일대 8,000여 평의 부지에 국비, 도비, 군비 등 124억 원을 들여 문학관을 건립했다. 이때부터 황순원 문학관이 있는 마을을 '양평 황순원문학촌 소나기마을'이라고 부르고 있다. 이후 황순원 작가의 유족들과 합의하에 2009년 천안 풍산공원에 있던 작가의 묘도 이장하여 문학촌 양지바른 곳에 모셨다.

소나기마을에는 황순원 작가의 《소나기》에 나오는 징검다리, 수숫단, 들꽃마을 등을 재현해놓았다. 작가의 작품을 하나하나 음미해볼 수 있는 산책로와 문화공간도 마련되어 있다.

황순원 문학제는 매년 9월에 열리며 황순원문학상은 자그마치 상금이 2,000만 원에 이른다. 이제 황순원문학관은 문학을 배우는 학생들도 여기를 오지 않으면 시나 수필을 쓴다고 말할 수 없을 정도로 널리 알려졌다. 개관 3년여 만에 문학관에는 10만 명이 넘는 관람객이 다녀가면서 양평 황순원문학촌 소나기마을은 중학교 국어교과서에까지 실렸다.

황순원 작가의 유족들과 그의 제자들은 고향도 아닌데 단지 《소나기》 작품 내용에 양평이라는 지명이 등장한다는 이유 하나로 124억 원을 들여 황순원문학관 사업을 추진한 나의 배짱에 혀를 내둘렀다. 앞으로 이곳에서 한 달에 한 번씩 음악제를 여는 것도 구상하고 있다.

양평 용문산 산나물축제

양평 용문산에서 캐는 산나물은 조선시대 《동국여지지 東國輿地志》에 '임금님 진상채'로 기록되어 있을 정도로 맛과 향이 뛰어나다. 2013년 5월 9일부터 13일까지 용문산 관광지와 용문역 일원에서 열린 제5회 양평 용문산 산나물축제는 서울을 비롯하여 전국에서 관광객 36만여 명이 찾아와 대성황을 이루었다. 양평 용문산 산나물축제는 이처럼 짧은 연륜에도 불구하고 산자수려한 양평의 산속 보물인 양평 산나물을 알리는 축제로 정착했다.

2013년 축제에서는 대안스님의 '산야초 효소이야기', 정관스님의 '오감만족 자연 산나물 음식', 선재스님의 '음식은 생명이다', 우관스님의 '약

맛과 향이 뛰어난 양평의 산나물을 관광산업과 연계해 특화한 산나물축제에서는 산나물을 주제로 한 특별강연과 산나물과 친환경 농산물을 직접 구매할 수 있는 농특산물 판매장 등이 열린다.

이 되는 산나물' 등의 산나물을 주제로 한 특별강연들이 열렸다. 이어 양평군농업기술센터에서는 시연 및 체험을 통해 물 맑은 양평의 산나물을 소개하고, 산나물 및 양평한우 판매, 전시, 체험 등과 관련한 다양한 이벤트를 열었다.

특허 출원을 앞둔 '양평 뽕밥'은 수령 1,100년을 자랑하는 은행나무를 상징하여 무려 1,100인분을 준비했다. '양평 뽕밥'은 맛과 영양이 일품인지라 조기에 동이 나는 등 인기를 독차지했다. 산나물과 친환경 농산물을 직접 구매할 수 있는 농특산물 판매장을 열고, 한우음식점 운영, 산나물 뜯기 체험 등 다양한 부대행사도 펼쳐져 축제 참가자들에게 소중한 추억을 선사했다.

이번 축제에서도 산나물과 한우를 비롯한 지역 특산품을 11억 9,000여 만 원 어치나 판매하였고, 40억여 원의 경제 유발 효과를 거뒀다. 산나물축제를 개최하게 된 것은 마을과 면 단위에서 열리는 작은 축제를 통합할 필요성을 느끼고 있던 차에 서울사람들이 봄이면 양평의 인근 산야에 차량을 대고 산나물을 무분별하게 캐어가는 것을 보고 아예 이를 양성화시키면 어떨까 검토하는 과정에서 시작됐다.

산나물축제를 하려면 나물이 충분히 자라야 하니 산에 산나물 씨앗을 뿌려야 한다는 결론에 이르러 국유림에 씨앗을 뿌리는 방안부터 검토했다. 마침 양평 출신인 당시 청와대 박범훈 교육문화수석의 아이디어 도움이 컸다. 양평 용문산 산나물축제는 개최 4회 만에 경기도 10대 축제에 들어갈 정도로 정착됐다.

양평 용문산 산나물축제는 지역민들의 소득을 올리고 관광객들에게는 산나물과 양평한우를 체험과 맛으로 느끼게 한 최고의 축제로 각인된 만큼 향후에는 더욱 차별화되고 짜임새 있게 준비해 대한민국 대표 축제, 세계적 축제로 발전할 수 있도록 다듬어나갈 생각이다.

전국 최초, 최고의 친환경농업특구

'남한강과 북한강이 만나는 곳, 세계보건기구가 인증한 건강도시' 물

맑은 양평을 도시 브랜드로 내건 양평군은 전국에서 유일하게 전 지역이 친환경농업특구로 지정되어 있다.

1973년 팔당댐이 건설된 이후 한강수계와 연계된 각종 규제로 인해 개발이 제한되자 양평군은 1997년부터 친환경농업만이 살길이라는 판단아래 무공해, 고품질, 고가의 농산물 생산에 박차를 가하고 있다.

2011년 10월 3일 양평군은 양서면 양수리 세미원에서 '양평 친환경농업 3차 5개년계획' 선포식을 갖고 '작지만 강한 농업, 돈 버는 친환경농업'으로 선회했다.

처음에는 일손이 많이 필요하고 힘들다는 이유로 지역주민들의 반발도 거셌다. 농약을 뿌리지 못하니 10일마다 한 번씩 논두렁 제초작업을 해야 했고, 영양분이 부족한데도 화학비료를 주지 못하게 하니 농민 불만도 엄청났다.

양평군은 2005년 친환경농업 특구로 지정을 받으면서 서서히 달라지고 있다. 친환경농법으로 기른 양평부추는 연매출이 65억 원에 올라섰고, 양평수박은 3년 사이 매출이 60%나 뛰었다.

친환경인증을 받은 농가도 23%나 된다. 2011년 현재 4,400여 농가 가운데 3,100여 농가가 친환경농업을 실천하고 있다. 이제 양평군은 어느 곳을 방문해도 제초제를 살포하지 않는 전국 제일의 친환경농업특구로 탈바꿈했다.

친환경농업과 함께 제값 받는 농산물 마케팅을 위해 유통 활성화에도 공을 들인 결과 지금은 양평지방공사를 통한 출하율이 80%를 넘어섰다. 계약재배를 통한 농가소득 안정과 도농직거래, 농산물장터를 활용한 판로개척이 정착됐다.

양평군은 농촌체험마을도 육성 중이다. 감자캐기와 과수 체험 등 농촌 지역 특유의 환경적 쾌적함과 만족함을 일컫는 어메니티Amenity 개념을 활용하여 읍면별 특색 있는 체험마을을 15곳에 조성했는데 농가소득에도 도움이 되고 있다. 2013년에는 체험마을, 농가체험, 농가민박에 180만 명이 찾을 것으로 예상하고 있다.

모두의 노력으로 활짝 열린 인구 10만 명 시대

내가 처음 군수에 취임한 2007년 양평군의 인구는 8만 4,000명 정도였다. 이후 중앙선 복선전철과 서울~춘천 간 고속도로가 개통되면서 신규 아파트 증설 및 전원주택 건설 등 수도권과의 접근성이 더욱 좋아지면서 양평군의 인구는 2012년 12월 31일 10만 3,331명을 넘어섰고, 지금은 10만 4,036명으로 증가했다.

이는 전국 단위로 볼 때 부산광역시의 기장군, 울산광역시의 울주군, 충남 당진시에 이어 228개 기초자치단체에서 4위이며 85개 군단위에서 인구 증가가 두 번째로 높은 지역으로 떠올랐다.

양평군은 경기도에서 면적이 가장 크다. 서울의 1.45배 면적이다. 수도권과 가장 가까운 곳에 있으면서 쾌적한 자연환경을 갖고 있다. 이 때문에 양평을 찾는 사람들은 높은 산, 깊은 계곡의 자연환경을 살려 전원주택을 짓기를 희망한다.

그러나 독일의 프라이버크시와 일본의 유우인시를 돌아본 결과 난개

환경적 쾌적함과 만족함의 어메니티 개념을 활용하여 용문 딸기 농장, 양수리 화분 만들기, 김장 담그기 같은 다양한 농촌 체험 프로그램을 시행하고 있다.

발의 위험성이 있다고 판단되어 자연경관조례를 제정했다. 법해석은 난해한 측면도 있지만 외국의 경우 경사도가 10도 이상이 되면 건축허가를 내주지 않는다. 게다가 집이 드문드문 떨어져 들어설 경우 상하수도 시설, 가로등과 도로포장을 해야 하는데 자치단체 입장에서는 고비용 저효율의 형태여서 역세권 주변으로 지구단위 계획을 수립하는 데 중점을 두고 있다.

양평군은 외지주민의 양평군 정착을 돕기 위해 생태개발과를 신설하여 전국 최초로 원스톱 민원처리 인허가 서비스를 제공하고 있다. 출산장려금도 500~1,000%로 파격적으로 인상했다. 둘째 자녀를 낳으면 300만 원을, 셋째 자녀를 낳으면 500만 원을, 넷째 자녀를 출산하면 700만 원을, 다섯째 자녀는 1,000만 원을, 그리고 여섯째 자녀를 낳으면 2,000만 원의 출산장려금을 지급한다.

인구가 늘면 양평군의 조직도 커지고 공무원의 직급도 승격된다. 군청의 과가 늘어나고, 보건소의 경우 소장은 5급에서 4급으로 승격되는데 이는 공직자들의 전체적인 사기 진작으로 이어진다. 안전행정부가 제정하는 자치단체의 청사 면적도 달라진다.

인구가 늘어나면 대형병원 유치는 필수다. 사람들이 퇴직하고 나이가 들면 종합병원 근처로 몰리는 경향이 있다. 2014년 6월 개원을 목표로 양평읍 도곡리에 조성되고 있는 양평국립전문교통병원 재활센터는 아시아에서 우리나라가 일본 다음으로 두 번째로 규모가 크다. 교통병원은 국토교통부 관할인데 수도권에서 가까운 자치단체들로부터 유치 신청을 받았다.

인천국제공항을 비롯하여 여주군, 이천시, 양주시 등 모두 17개 지자체에 대한 예비심사를 거친 결과 양평군에 짓기로 최종 확정이 됐다. 302병상에 예산 1,700억 원을 들여 짓는 교통전문병원은 가톨릭 서울성모병원이 국토교통부의 위탁을 받아 운영하게 된다.

교통전문병원은 교통사고 환자들만 오는 것이 아니다. 12개 과목 진료와 응급센터를 운영하면 여주, 홍천, 가평 등 인근 각지에서도 환자들이 많이 유입될 것으로 기대되며 이런 추세라면 2020년에는 인구 17만 명이 예상되어 시 승격의 염원도 이룰 수 있을 것으로 기대된다.

1지역 1특색 만들기

'100명이 한 번 찾아오는 게 아니라, 한 명이 100번 찾아오게 하라.'

양평군은 자치단체에서는 처음으로 각 읍·면단위 차원에서 관官 주도의 마을 개발이 아닌 주민의, 주민에 의한, 주민을 위한 지역 만들기 사업을 펼치고 있다.

나는 군수에 취임한 후 지역 만들기 사업을 해야겠다는 구상을 본격화했다. 먼저 주민들이 참여한 가운데 토론을 유도하고 이들이 스스로 창안하여 할 일을 결의하면 예산을 지원해주겠다는 식으로 접근했다.

2011년 하반기 '2020 비전계획'을 토대로 양평군은 '지역 만들기 사업'을 기획했다. 공무원들을 배제하고 순수하게 지역 주민들로 분과위원회를 구성하도록 했다.

오로지 주민들만이 참여한 가운데 수십 차례에 걸친 세미나와 토론회

현재 운영되고 있는 농촌 체험마을 가운데 하나인 보릿고개 마을

등을 거쳐 마을별 청사진들이 마련되자 12개 읍·면별로 중간보고회를 가졌다.

그 결과 사회단체들과 더불어 조성하는 양평읍의 명품 산책로, 강상면의 스토리텔링이 있는 물소리 길과 다랑이 논을 활용한 전통 영농 체험장, 단월면의 꽃 피고 정이 있는 힐링 타운, 서종면의 조형물들이 살아 숨 쉬는 마을경관, 양서면의 펜션과 전원주택을 제공하는 글로벌 체류형 사회적기업, 청운면의 권역별 유망 작목 생산·유통사업, 양동면의 지역 인심 되살리기, 지평면의 봉사활동의 활성화, 용문면의 사계절 명품 마을조성, 개군면의 양평한우, 산수유축제를 통한 농촌체험관광 육성 등 다채롭고 신선한 지역 만들기 사업들이 제시됐다.

오는 2014년부터 2023년까지 진행될 양평군의 지역 만들기 사업은 매년 꾸준하게, 그리고 새롭게 마을을 바꾼다는 점에서 의미가 있다.

양평읍 양근리 남한강변에 있는 갈산체육공원에는 주민들의 아이디 어로 길이 7km 규모의 명품 산책로가 조성되는데 이미 20여 개 사회단 체들이 산책로에 묘목과 꽃 심기사업 등에 참여를 희망하고 있다.

강상면이 세월리와 대석리 등지에 추진할 물소리길 조성은 제주 올레 길처럼 스토리텔링 위주의 오솔길 12km가 조성되고 시민단체들은 물소 리길 지킴이로 참여한다. 강상면은 넓이 5,190m²의 다랑이 논을 활용하 여 모내기 체험과 글짓기대회, 사진촬영대회 등을 담은 전통 영농 체험 장도 운영한다.

단월면은 산림을 활용해 도시민들을 치유해주는 힐링타운을 짓는다. 서종면 주민들이 추진할 마을경관 개선사업은 인도에 설치되는 이정표 와 가로등 등은 물론, 서울~춘천고속도로 교각에까지 독특하고 섬세한 디자인을 구상하고 있다.

양서면 주민들은 펜션과 전원주택 등을 세계적인 전문여행 기업들과 연계하여 글로벌 체류형 사회적기업으로 만들어 외국인 관광객들을 대 상으로 운영하자는 콘텐츠를 내놨는데 이미 20가구가 참여하고 있다. 이 들이 세미원 내에 만들어놓은 장독대 분수는 전통 항아리들을 활용하여 다른 지역과는 차별화된 독특한 경관을 조성했다.

수박 등 권역별 유망 농산물을 선정, 집중 생산·유통하자는 계획을 수 립한 청운면도 50만m²에 수박을 재배, 매출액 35억 원을 달성하겠다는 계획이다. 강원도 원주와 인접한 양동면은 외지인들이 다시 찾는 농촌을 만들기 위해 훈훈한 지역 인심을 관광 상품으로 개발하겠다는 복안이다.

전통 항아리들을 활용하여 다른 지역과는 차별화시켜 독특한 경관을 조성해놓은 세미원 장독대

제일 모범적으로 봉사활동이 이뤄지고 있는 지평면 주민들은 온기 넘치는 사회를 만들기 위해 봉사활동의 릴레이를 추진하고, 조선 말 의병 활동과 지평리 한국전쟁 전투, 100년 기업 지평 막걸리 등을 토대로 한 스토리텔링으로 주민들의 자긍심을 높이겠다는 구상이다.

일본이나 유럽의 어느 나라 농촌을 가봐도 비슷한 마을들은 단 한 곳도 없다. 이정표 하나에도 주민들의 감성이 녹아 있고, 간판 하나에도 주민들의 순수가 담겨 있어야 한다.

강산이 한 번 바뀌는 세월을 씨줄로 삼고 주민들의 혜안을 날줄로 삼아 주민들이 소매를 걷어붙인다면 양평은 대한민국은 물론, 아시아, 더 나아가 지구촌에서 제일 아름다운 고장을 만들 수 있다. 물이 고이면 썩기 마련이다. 현재에만 안주하면 뒤처질 수밖에 없다. 주민들이 내가 사는 마을을 다른 마을과 다르게 꾸미겠다는 열정을 지역 만들기 사업에 쏟아붓는다면 반드시 시너지 효과를 거둘 수 있을 것이다.

선택과 집중, 뚝심으로 양평의 어려운 난제 해결

지방자치시대가 시작되면서 주민의 욕구는 활화산처럼 분출하기 시작하였다. 그동안 억제되었던 관선시대의 욕구가 한 번에 여기저기서 터져 나오기 시작한 것이다.

지역주민의 동시다발성 숙원사업이 봇물을 이루었다. 한 번에 많은 SOC 사업을 열악한 지방재정으로 해결하기란 참으로 쉽지 않다. 이러한 어려운 난제를 주민들은 아랑곳하지 않고 내가 사는 곳, 우리 지역부터

우선 시행되길 바란다. 고민의 연속이었다. 먼저 사업의 우선순위를 꼼꼼히 살펴 선택과 집중 속에 하나하나씩 처리하기로 하고 지혜를 모았다. 2012년 말 북 여주에서 양평 구간의 중부내륙고속도로가 개통되자 강상면, 강하면과 광주시 퇴촌면 방향으로 이동하는 자동차들이 6번 국도를 타고 복잡한 양평시내로 진입한 후 양평대교나 양근대교를 건너야만 목적지로 이동하는 큰 불편이 뒤따랐다.

강상지역에 IC 설치 요구가 끊임없이 제기되자 2008년 4월 17일 강상 IC 설치를 해야겠다고 결심하고 국토해양부에 건의서를 제출하였다. 국토해양부는 경제성이 낮고, 강 건너 양평 IC가 있다는 이유로 부정적 의사를 피력하였다. 이대로 물러설 수는 없었다. 정·관계 출향인사를 통한 강상 IC 설치를 계속 건의하고 관련 중앙부처를 92회에 걸쳐 방문하여 당위성을 역설하고 협조를 구하는 등 피나는 노력 끝에 2013년 4월 12일 드디어 강상IC 설치를 확정지었다.

전임 군수 시절부터 거론되던 문제도 있었다. 스포츠 마케팅 시대에 발맞춰 양평에 종합운동장을 건설하는 사안이었다. 이미 종합 운동장 건립계획이 무산되어 왔던 터이고 막대한 재정이 소요되는 대규모 사업이라 반대 여론도 만만치 않았지만 군민을 설득하고 사회단체와 체육계, 군민들을 상대로 홍보에 심혈을 기울인 결과 여론이 우호적으로 돌아섰다. 2007년 8월 27일 종합운동장 건립 추진계획(안)을 확정짓고, 우여곡절 끝에 토지보상, 문화재 발굴조사, 군 관리계획 결정 등 제반 행정절차를 마쳤다. 2015년 1월 토석채취공사를 마치고 4월 시설공사를 착공하면 2016년 12월 16만 4,077m² 규모에 1만 2,000석의 꿈에 그리던 양평군종합운동장이 완공되어 군민의 품에 안기게 된다.

양평군은 75%가 산림이다. 푸른 숲, 맑은 공기, 깊은 계곡이 최대 자랑거리이다. 아마도 수도권 최고의 산소 공급원이자 생태계의 보고이며 수도권 시민의 휴식처이기도 하다. 양평읍내에서 멀지 않은 곳에 한국의 마테호른으로 불리는 백운봉이 있다. 2007년 군수로 취임 후 장기간 표류하던 양평 백운테마파크 공원사업을 양평 '쉬자 파크'로 변경 후 진입도로 개설에 이어서 초가원, 공원관리소와 인공암벽, 산림교육센터를 신축 중에 있는데 2013년 말이면 명실공히 대한민국 최고의 명품 공원이 탄생하게 된다.

오빈역 신설 역시 불가능을 가능으로 바꾼 사례이며 주민과 하나로 뜻을 모으고 도전하면 반드시 성공할 수 있다는 자신감을 얻은 계기였다. 최근에는 영화, CF, 드라마 촬영지와 신혼부부가 가장 선호하는 야외 웨딩 촬영지로 각광 받는 두물머리를 한강 두물지구 생태학습장으로 꾸미는 데 합의를 이끌어낸 일, 2013년 5월 두물머리 물래길을 완공하고 9만 평 부지에 '영국의 라이톤' '호주의 세레스공원'보다 월등한 생태학습장을 조성하여 인근 세미원과 함께 세계100대 정원에 포함되는 야심찬 프로젝트를 적극 추진 중인 일, 노사 갈등을 빚던 읍면 청소 업무를 원만하게 처리한 일 등은 '선택과 집중' 그리고 '뚝심'으로 해결한 일들이다.

과거 관선시대 군수는 명예와 권위로 군림하였지만 지방자치제 시행 이후 민선시대는 상황이 180도 다르다. 군민의 욕구충족은 물론 지역 발전을 책임져야 하고 내 고향 양평을 가슴에 품어야 한다. 그러기 위해 늘 고민하고 공부를 게을리할 수 없다.

중앙의 지시에만 충실하면 지방자치가 아니다

'천당 위에 분당, 분당 위에 양평'이라는 말이 있다. 처음엔 정치적 용어로 회자된 말이다. 나는 이를 살기 좋은 지역 순서로 표현하고 싶다. 양평은 그만큼 살기가 좋은 곳이다.

양평은 그러나 상수원보호구역이어서 규제가 심하다. 정부의 규제대로 실천에 옮기다 보면 허가가 날 것이 한 건도 없다. 가장 심각한 것은 탁상행정이다. 지역 특성을 모르고 정하기 때문이다. 탁상행정 지침에 따르다 보면 지방자치는 반쪽 행정으로 전락할 수도 있다. 규제만 따르면 양평은 살기가 어렵다. 중앙정부의 일방적 지시만 따르면 지방자치는 망할 수도 있다.

구제역이 한창 창궐할 때에 구제역에 걸린 반경 500m 이내의 소·돼지는 모두 도살 처분하라는 지시가 중앙에서 내려왔다. 나는 이때에도 "꼭 도살 처분을 해야 하느냐?"고 되물었다.

"아무리 비상시국이라지만 구제역에 걸린 가축만 도살 처분하면 되지 구태여 다 죽일 필요가 있느냐?"는 질문에 그들은 "안 된다. 500m 이내는 젖소든, 한우든, 돼지든 다 도살 처분해야 한다. 인근 이천시도 90% 정도 도살 처분했다"고 대답하는 것이었다. 그래도 도살 처분에 반대했지만 농림수산부 관계자가 현장에 나와 있었고, 부군수도 지시를 따르자고 해서 멀쩡한 돼지들을 구덩이로 밀어 넣었다. 본능적으로 발버둥을 치며 살아보려고 버티는 가축들을 어쩔 수 없이 굴삭기로 밀어 넣는 모습을 보려니 참으로 안타까웠다.

그런데 도살 처분을 마치자 백신이 나왔다는 보도가 나왔다. 백신이

나오자 중앙정부는 곧바로 구제역에 걸린 가축만 도살 처분하라는 지시를 내렸다. 만약에 내가 그때 조금만 더 내 판단을 믿고 도살 처분하지 않았다면 수많은 가축들을 살릴 수 있었고, 덕분에 지방자치의 스타 군수가 될 수 있었을 것이다. 조금만 미루었어도 살릴 수 있는 가축들을 그렇게 하지 못했던 내 자신이 한없이 후회스러웠다.

중앙 정부는 그들의 결정이 주민들에게 올바른 선택인지 심각하게 고민하지 않고 판단하는 경우도 많다. 바쁜 모내기철에 '매주 수요일은 체력증진의 날'이라고 일괄적으로 등산을 지시하거나 수해이재민 대책을 세우는데 '테니스를 치라'고 공문을 내려보내는 경우도 그렇다. 지역을 가장 잘 아는 사람은 결국 지역의 공무원들이고 지역에 사는 지역 주민들이다.

농업정책의 경우도 마찬가지이다. 처음부터 농업인들에게 맡기면 잘못 되어도 농업인들의 책임이 되지만 중앙부처에서부터 방향을 제시했다가 잘못되면 문제는 심각해질 수 있다.

실제로 농산물의 경우 이익을 남기기가 쉽지 않은데 중앙정부에서 특수 작목을 심으라고 권장하는 농업정책을 계속해서 추진하면 농협처럼 신용사업으로 벌어들인 수익을 경제 사업에 쏟아붓는 상황이 벌어질 수 있다. 특히 중앙부처의 사람들이 크게 고민하지 않고 예산을 결정하는 농업정책은 농업이 망하는 지름길이 될 수도 있다.

따라서 농업정책은 단순히 중앙지시를 따르기보다는 우선순위가 어디에 있는지부터 잘 따져봐야 한다. 그렇지 않고 중앙의 정책적 지시만 따르게 되면 지방자치는 반쪽 자치로 끝날 수도 있다.

정신이 살아 있는 지역을 만들어야 한다

'아이들은 담배도 한쪽 구석에서 몰래 피워야 하는데 공공장소에서 담배를 태우는 모습이 너무나 당당하다. 담배꽁초도 길거리에 아무렇게 버린다. 어른들이 전철을 타도 자리를 양보하지 않는다. 어른들도 이런 모습을 보면 당연히 아이들을 타일러야 하는데 혹 망신을 당할까봐 무서워 못 본채 외면한다.'

요즘 이와 같은 상황에 부딪치면 많은 것들을 생각하게 된다. 예의도 없고, 질서도 없고, 청결도 없는 양평군에서 지방자치가 무슨 의미가 있을까. 몽양 여운형 선생, 태고 보우 스님의 교훈처럼 단체장이라면 먼 미래를 내다보면서 정신적 기틀을 다져야겠다는 생각이 들었다. 사실 이런 것들은 효과가 빠르지 않아서 소홀히 하는 경향이 있다.

'비전 2020 읍면발전계획'의 목표대로 재정자립도를 높이는 것도 중요하다. 그러나 삶의 행복도 만족시켜야 한다는 생각에 정신적 발전 운동과 물질적 발전 운동을 병행할 필요가 있겠다고 판단되어 관계부서에 군민운동으로 전개해보자는 아이디어를 제시했다. 개인적으로 군민과 함께 하는 삶의 행복운동은 꼭 필요하다는 생각이 들었다.

2011년 5월 2일 양평군민회관에서 '삶의 행복운동' 선포식을 가졌다. 양평군이 선포한 '삶의 행복운동'이란 도덕성 회복과 군민화합, 법질서 회복 등의 정신적 발전과 행정 내부 10대 목표인 물질적 발전이라는 두 가지 축을 함께 발전시켜 나감으로써 균형 잡힌 삶을 추구하자는 것이다.

나는 이 자리에서 "2020년 인구 17만 명이 되는 양평군이 물질적 발전뿐만 아니라 양평의 유구한 역사와 전통을 계승하고 사람 중심의 가치

군민과 함께 하는 '삶의 행복운동'의 일환으로 진행하고 있는 기초질서 지키기 캠페인

를 구현하는 누구나 행복한 사회를 열어가기 위해 '삶의 행복운동'을 전개하자"고 주창했다.

전국 최초의 정신문화운동인 '삶의 행복운동'은 NGO를 비롯하여 시민단체, 지역주민 모두를 참여시키는 것이다. 공무원 700여 명이 양평군의 질서를 잡고, 청결도 유지하고, 예의도 바로잡는다는 것은 어려운 일이다. 이보다는 지역주민 모두의 동참이 중요하다. 여기서 정신적 발전운동은 예의, 질서, 청결을 모태로 삼고, 물질적 운동은 비전 2020 읍면발전계획에 제시된 것을 단계별로 실천에 옮기자는 것이다.

그동안 NGO단체들은 자치단체로부터 보조금을 받는 데에만 익숙했다. 그나마 회원들끼리 천렵성 캠페인을 하고 나면 보조금이 바닥이 나는 단체들도 있었다. 겉치레 형식이 아닌 실질적인 운동을 할 필요가 있다는 생각이 들었다. NGO단체들이, 시민단체들이, 앞장서서 아이들이 바르게 살아갈 수 있도록 전단지도 나눠주고, 순찰도 돌고, 예의, 질서, 청결 운동을 본격적으로 전개해 나가자는 것이다.

숲에 가시덩굴이 쌓이다 보면 나무는 죽는다. 이런 것들을 새마을단체들이 나서서 제거하는 캠페인을 전개하자 주변 환경이 깨끗해졌다. 겨울에 눈이 많이 내릴 때 군부대의 도움을 기대하기보다 어린 시절부터 내 집 앞부터 치우는 습관을 들여 실천에 옮긴다면 양평군민들이 누릴 삶의 행복의 질은 훨씬 높아지게 될 것이다.

양평군이 추구하는 '지역 만들기 사업'과 '삶의 행복운동'은 군민들의 자발적 참여가 필요한 사업들이다. '삶의 행복운동'을 추진한 지 어느새 2년이 넘어섰다. 덕분에 요즘은 "지역이 깨끗해졌다", "기분이 아주 좋다", "외지사람들도 양평만 오면 활기가 넘친다"는 평가들을 해주고 있다. 지역이 "역동적이고 깨끗하다"는 평가를 받고 있다는 것은 기분 좋은 일이다.

환경문제와 연관해 벌이고 있는 '청결' 운동도 있다. 최근 새마을지회와 자연보호협의회 등 단체와 주민들이 자율적으로 하천정화활동을 활발히 전개하고 있고, 주민들도 '1가구 1나무 심기', '꽃길 가꾸기' 등 깨끗하고 아름다운 지역 만들기에 앞장서고 있다.

나는 나무 심기를 좋아해 '가정마다 매실나무를 심어 건강을 찾자'고 강조한다. 2012년에는 주민들로부터 2만 그루를 신청받아 나눠줬고, 2013년에는 10만 그루 나무심기 운동을 전개하고 있다. 앞으로도 나무 기증운동이나 내 나무 심기운동을 본격화하고, '삶의 행복운동' 방향도 그런 쪽으로 추진해가려고 한다. 전국 최초의 정신발전운동과 물질발전

운동이 지역 만들기 사업과 융화된다면 이보다 더 활기찬 일은 없을 것이다.

공무원은 '갑'이 아니다

지역주민들은 농지, 임야, 건축, 측량, 설계를 맡기면 보통 군에서 처리를 늦게 해서 지연되는 줄 안다. 막상 접수사항을 알아보면 그렇지 않은 것들도 있어 개선의 필요성을 느꼈다.

군수 취임 후 나는 가장 먼저 생태개발과를 신설했다. 과거에는 산림, 농지, 건축, 관리부서의 주무 팀들이 있었지만, 자기 업무만 하는 바람에 민원인 입장에선 여간 불편한 것이 아니었다.

이를 해소하려고 산림 권역별로 담당직원을 한 명씩 배치하여 업무를 처리하도록 했다. 민원이 접수되면 그와 동시에 "귀하의 건축허가가 오늘부터 접수되었다"라는 메시지를 보낸 다음 건축, 환경을 비롯한 권역별 담당자들이 한꺼번에 모여 민원접수 허가업무를 검토한다. 허가에 따른 책임은 군수가 지지만 전결사항은 생태개발과에 위임했기에 신속한 결정이 가능하다.

생태개발과는 대부분 타 시·군에서 분리돼 있는 건축, 녹지, 공원, 산림 등 인·허가 업무를 총괄한다. 민원서류가 고객지원과에 접수되면 일괄처리 과정을 거쳐 최종 허가증까지 발급해준다.

양평군청 생태개발과는 전 직원들이 평일에도 밤늦게까지 민원 업무를 처리하면서 불이 꺼지지 않는 부서로 정평이 나 있다. 생업과 직장 일로 바쁜 민원인들을 위해 2007년부터는 토요일과 일요일, 공휴일에도 민원업무를 처리하는 '공휴일 근무제'를 도입하여 민원업무를 처리하고 있다. 생태개발과 팀장을 주축으로 민원처리 전담반 6개조를 편성해 오전 9시부터 저녁 6시까지 인·허가 현황분석, 농지이용 실태조사, 산지전용 허가 사후관리, 농어촌 주거환경개선사업 등 각종 업무를 원스톱 인·허가 민원처리 시스템으로 운영한다.

생태개발과는 또 '6S, 3P감성행정서비스'를 추진하고 있다. 민원응대 '6S'는 Standing(민원인을 일어서서 맞이하기), Smiling(민원인을 웃으며 응대하기), Speeding(민원을 신속하게 처리하기), Specialization(맡은 업무 전문가 되기), Satisfaction(만족스러운 민원행정 실천하기), Service(고객이 감동하는 서비스 실천하기) 등을 말하며, '3P'는 Professional(자기 업무에 전문가 되기), Praise(직원 상호 간 칭찬하고 격려하기), Pride(자기 업무에 자긍심 갖기) 등인데 전 직원들이 이를 실천해 타 자치단체의 벤치마킹 대상이 되고 있다.

건강한 지역을 만들기, 자전거 예찬

나는 학창시절 중학교 때부터 자전거 통학을 했다. 양평군수를 하는 지금도 18km에 달하는 자전거길을 일곱 번 넘게 완주했을 정도로 자전거 마니아다. 자전거를 좋아하다 보니 자전거 특구지정 추진과 '자전거 여행 천국'이라는 슬로건을 상표등록하고 특허출원한 것도 사실은 모두 내가 직접 아이디어를 낸 것이다. 버려진 폐철도를 보며 활용방법을 찾다가 생각해낸 것이 자전거길 조성이다.

자전거를 타면 다리근력뿐만 아니라 심폐기능, 당뇨, 심혈관질환, 허리 강화와 소화기능 개선 등 만병통치에 가까울 정도로 효과가 좋다. 자전거는 전신운동이 되며 정신건강에도 좋다. 자전거는 특별한 기술이 없어도 남녀노소 누구나 일상생활 속에서 즐길 수 있다. 그래서 옛사람들은 자전거를 예찬하는 명언들을 많이 남겼다. 미국의 작가 마크 트웨인은 "자전거를 사라. 살아 있다면 후회하지 않을 것이다"라고 했다. 이탈리아의 자전거 챔피언 펠리체 지몬디는 "자전거를 시대를 역행하는 흐름이라고 보는 시각이 있을지도 모르나, 사실 자전거는 시대를 앞서가는 노력의 산물이자 많은 사람이 뒤섞여 생활하느라 혼잡해진 도로의 제약을 넘어서기로 마음먹은 수많은 사람들의 의지의 표현이다"라는 말을 남겼다. 참으로 멋진 말이다.

중년 이후 규칙적으로 운동을 하는 사람은 그렇지 않은 사람보다 의료비 지출이 적다는 연구보고서도 있다. 자전거타기를 생활화하면 나이가 들어도 질병으로부터 덜 고통 받고 건강한 삶을 누릴 수 있다는 이야기이다. 유럽과 일본사람들은 장바구니 형태의 생활용 자전거들을 많이 탄다. 이들은 자전거를 탈 때에도 복장을 제대로 갖춰 입고, 자전거 도로를 따라 멋들어지게 달린다.

나는 군민들에게 양평을 자전거여행의 천국으로 만들겠다고 약속했다. 양평군을 전국 최초로 자전거 도로보험에 가입하고 전체 양평군민을 대상으로 자전거 상해보험에도 가입했다. 외국인을 포함한 10만 4,000여 명의 양평군민은 전국 어디에서나 자전거 사고가 나면 사안에 따라 20만 원에서 60만 원까지 위로금을 지급받을 수 있고, 자전거 교통사고 시

변호사 선임비용과 처리지원금까지 보장받을 수 있다.

이와는 별도로 양평군이 지난해 10월 1일 가입한 '자전거도로보험'은 남한강 자전거길 양평 구간을 이용하는 전 국민에 대해 구간 내 자전거 사고 시 보장받을 수 있는 보험이다.

자전거 천국이 시장과 연계가 되고 지역경제 활성화가 되도록 하기 위해 나는 상품을 줘도 가급적이면 자전거를 준다. 자전거는 에너지 절약도 되고, 신재생에너지 신동력 사업과 맞물린다. 자전거를 생산하는 삼천리 자전거 회사도 양평군에 유치시키기 위해 노력하고 있다. 모두가 지역주민과 양평을 찾는 대한민국의 국민이 건강해지기를 바라는 마음에서 시작한 일이다.

일본에는 골목골목까지 자전거 횡단보도가 있다. 자전거에 미친 사람들이 많고, 자원봉사자들이 많다. 양평은 수려한 임도구간에서 펼치는 MTB 마니아들의 잔치인 양평 MTB대회가 열릴 정도로 산악자전거 동호인들이 가장 선호하는 지역이다. 그런 만큼 수도권에서 가장 가까운 양평군이 MTB 천국이 되도록 최선을 다할 생각이다.

공무원은 수修 · 창創 · 애愛가 있어야 한다

양평군에는 700여 명의 공무원들이 있다. 이들은 대부분 순박한 사람들이다. 공직도 어렵게 들어온 사람들이 대부분이다. 그러다 보니 본의 아니게 사기를 당하거나, 꼬임에 빠져들어 불명예스럽게 퇴직하는 경우도 종종 있다.

산악자전거 동호인들이 가장 선호하는 지역으로 꼽았을 만큼 큰 사랑을 받고 있는 양평 자전거길. 양평에서는 MTB 대회가 열리는 등 이미 50만 명이 넘는 사람들이 양평 자전거길을 방문했다.

공무원들은 적응력이 뛰어나다. 팀장, 과장이 잘한다 잘한다 하면 더욱 일 잘하는 사람으로 변신한다. 따라서 칭찬을 많이 해줄 필요가 있다. 군수인 나도 역시 "젊은 군수가 되니까 낫더라. 지역이 몇 년 사이에 확 바뀌었다"는 칭찬을 들을 때 가장 기분이 좋아지고 힘도 솟는다.

반면에 아무리 똑똑한 공무원도 팀장, 과장을 잘못 만나면 의욕을 상실하고 타성에 젖어든다. 멀쩡한 공무원도 데려다 놓고 여러 사람이 있는데서 면박을 주면 고문관이 되는 것은 순식간이다.

꿈이 있는 공무원들에게 당부하고 싶은 게 있다. 첫째, 자기관리를 잘 하라는 것이다. 그러려면 음주운전을 하지 말아야 하고 사소한 금품수수도 하지 말아야 한다. 금품수수가 불거지면 수십 년 이상 쌓은 공적이 물거품이 되면서 불명예 퇴직을 해야 한다. 퇴직금도 받지 못하고 돈 몇 푼 때문에 인생이 완전히 망가질 수도 있다. 세상에 공짜로 받을 수 있는 돈은 절대로 없다.

양평군청 인사를 하면서 똑같은 조건이기에 연공서열 원칙에 따라 경력자에게 먼저 승진의 기회를 준 적이 있다. 그랬더니 승진한 사람이 당시에 가장 좋다는 브랜드 제품의 남방과 넥타이 한 세트를 보내왔다. 아내가 모르고 받아두었던 것이다. 정이 담긴 선물인지라 처리문제를 놓고 한동안 고민을 하다가 돌려주기로 결정했다. 이 일이 소문이 나자 이제는 명절이 돌아와도 양말 한 켤레 보내는 공직자가 없다.

둘째, 창의적인 사람이 되라는 것이다. 어느 조직이든 20%의 창의력이 있는 사람들이 이끌어가고, 대부분의 60%는 지시받은 일만 하며, 나머지 20%는 분위기 파악을 못하는 경우들이다. 가만히 있어도 60세까지는 공직생활을 할 수 있다는 생각으로 안주하는 사람은 창의적인 사람이 될 수 없다. 조직에 필요한 아이디어를 내는 것은 하루아침에 되는 것이 아니다. 창의적인 사람이 되려면 끊임없이 배우고 연구하는 자세를 가져야 한다.

셋째, 지역에 대한 애정과 애향심을 가지라는 것이다. 공무원이 지역에 대한 애정이 없고, 애향심이 없으면 단위사업도 폭넓게 보지 못한다. 따라서 공무원들은 비전을 갖고 지역의 먼 미래를 바라보며 정책을 기획하고 결정하는 혜안을 가져야 한다.

단체장에게 중요한 것은 비전 제시와 정책구상

나는 공직생활을 시작한 후 가정을 소홀히 했다. 결혼 초에도 바쁜 부서에 있다 보니 야근이 많아 밤늦게 퇴근했다. 내겐 계장이 하늘이었다. 당연히 계장이나 차석이 퇴근하기 전에는 서류를 덮고 나가지 않았다. 일을 마치고 동료들과 소주 한잔 마시고 들어가니 아내는 매일 술만 마시다 오는 줄 알았을 것이다.

아내도 많이 울었다. 내가 가정에 소홀하다는 것은 사주팔자에도 그렇게 나왔다고 하지만 그렇다고 나쁜 짓은 하지 않았다. 일 때문에 늦게 퇴근 했지만 정도의 길을 걷겠다는 마음은 변함이 없다.

공직자들도 애향심이 있어야 한다. 요즘은 공무원이 되기가 쉽지 않다. 그러다 보니 공무원이 된 뒤에 전보제한 기간만 끝나면 무조건 여건이 좋은 곳으로 가려고 한다.

나는 공무원을 하면서 군수가 되겠다는 꿈을 가졌고, 군수가 되기 위해 항상 노력했다. 그런데 시기가 빨라지면서 군수도 일찍 됐다. 단체장에게 가장 중요한 것은 지역에 대한 비전 제시와 올바른 정책구상을 통해 군민들의 심금을 울리는 것이다.

내 집에 있는 책들은 군정에 관한 것들이 대부분이다. 나는 군수 업무가 무척 재미있다. 지금도 새벽 3~4시에 일어나면 한 시간 정도 군정에 관한 책부터 읽는다. 하루에 100쪽 이상은 읽으려고 노력한다. 주로 군정경영을 진단한 내용과 공직자들의 비전 2020 읍면발전계획과 같은 자료들을 살펴본 다음 결재를 한다.

양평군은 규제가 많은 지역이다. 두물머리와 세미원을 연결하는 정조대왕의 배다리를 놓는 데에도 국토교통부와 환경부를 3년 6개월을 넘게 쫓아다녔지만 '하천점용허가'를 받기가 쉽지 않았다. 다행히 일이 잘 추진되어 지금 정조대왕의 배다리는 양평의 유명한 관광명소가 되었다.

나도 이제 지천명知天命의 나이를 넘어섰다. 군수 업무를 수행한 지도 5년을 넘어섰지만 경험상 지역 발전을 제대로 이끌려면 10년이 지나도 부족한 점이 많을 것 같다. 나는 지금도 출마 당시의 초심인 지역 발전과 군민을 주인으로 모시겠다는 마음은 조금도 변하지 않았다. 그래서 양평에 애정을 갖고 군민을 행복하게 해줄 수 있는 훌륭한 지도자가 계속해서 나오기를 진심으로 바란다. 훌륭한 지도자는 지역의 발전뿐만 아니라 국가 발전을 위해서도 진정으로 필요하다.

근자열 원자래의 마음으로

춘추전국시대에 섭공葉公이라는 초나라 제후가 있었다. 백성이 날마다 국경을 넘어 다른 나라로 떠나니 인구가 줄어들고, 세수가 줄어 큰 걱정이었다. 초조해진 섭공이 공자에게 물었다. "스승님, 날마다 백성이 도망가니 천리장성을 쌓아올릴까요?" 잠시 생각에 잠기던 공자는 근자열近者說 원자래遠者來의 철학을 제시한다. "가까이 있는 사람을 기쁘게 해주어야 멀리 있는 사람이 찾아온다"고 한 것이다.

사람들은 가까운 사람을 제쳐두고 남에게 잘하려는 습성이 있다. 이보다는 부모, 배우자, 자녀, 동료, 친구 등 허물없는 이들에게 먼저 잘하는 것이 우선순위이다. 공자가 《논어論語》에서 강조한 이 말은 직장에서는 상사, 동료, 부하직원, 가정에서는 부모, 자녀들을 기쁘게 하면 가정이 행복해지고, 조직도 덩달아 성공할 수 있다는 것을 뜻한다.

6번국도 팔당·양수리 구간에는 터널이 네 곳이나 있다. 그런데 서울로 들어가면서 이 터널만 지나면 갑갑한 증상이 나타난다. 반대로 서울에서 나올 때에는 이상하게도 이곳만 벗어나면 왠지 뻥 뚫린 것 같은 느낌을 받는다. 양평이 고향인 사람이거나 양평의 산과 계곡을 다녀간 사람들은 지금도 양평은 어디든 물이 1, 2급수여서 목욕을 할 수 있고, 살기 좋은 자연환경을 갖추고 있다는 사실을 인정한다.

양평 관내에는 훌륭한 사람들도 많다. 분야별로 행정, 관광, 지역 발전에 도움이 될 만한 유명 인사들이 많이 살고 있다. 나는 이들을 정책자문단으로 모시고 시간이 날 때마다 찾아간다. 차도 마시고 식사도 하고, 저녁에는 소주도 한잔 하면서 자문을 구하면 좋은 아이디어도 주신다.

군에서 2주에 한 번씩 운영하는 창조아카데미도 초청강사와 저녁 식사를 하면서 듣는 이야기가 신선한 것들이 많다. 그래서 아카데미 강연이 있는 날은 일부러 약속을 잡지 않고 기다렸다가 초청강사의 고견을 듣기도 한다.

양평군립미술관장도 서울의 예술의전당에서 근무하던 분을 스카우트하여 모셨는데 자문을 받을 일이 있으면 메일을 보내서 좋은 고견을 듣는다. 덕분에 이분들이 양평군을 홍보하면서 양평으로 이사를 오겠다는 사람들이 자꾸 생겨나고 있다.

우리나라 최고의 한류 스타인 톱 배우 이영애씨도 자신의 집 앞에 있는 전통한옥을 매입해서 세트장을 꾸미고 리모델링을 하겠다고 하기에

도와주었더니, 이것이 입소문이 나면서 많은 사람들이 양평으로 이사를 희망하고 있다.

양평에 사는 사람들을 기쁘게 해주니 멀리에 있는 사람들이 소식을 듣고 찾아오려 하는 것이다. 이처럼 가까이에 있는 사람들에게 살기 좋고, 살고 싶은 양평을 만들어주면 멀리에 있는 사람들도 양평에서 살겠다고 찾아온다.

군수 취임 1주년을 맞았을 때 "양평을 '전국 제1의 생태 행복도시', '대한민국의 스위스와 같다'는 얘기가 나올 수 있도록 친환경적인 고품격 도시로 향하는 도약의 토대를 세우겠다"는 포부를 밝힌 적이 있다. 양평을 친환경 고품격 도시로 만들려면 환경을 어떻게 가꾸어갈 것인가가 중요하다. 하지만 이보다도 더 중요한 것은 양평에 사는 사람들이 양평에서 사는 것이 행복하다고 느낄 수 있도록 하는 것이다. 그러면 머지않아 양평은 대한민국의 스위스와 같은 아름다운 도시로 변모해 있을 것이라 확신한다. 아마도 이것이 군수로서, 아니 양평의 순 토박이로서 내가 해내야 할 숙명의 과업이 아닐까?

김선교 양평군수

1960년 9월 18일 경기도 양평군 출생

학력		
	1979	양평종합고등학교 졸업
	2006	한국방송통신대학교 졸업
	2009	고려대학교 정책대학원 졸업(석사학위)
	2012	명지대학교 일반대학원 행정학과 입학(박사학위/휴학 중)

경력		
	1980	양평군 옥천면 근무
	1991	양평군 내무과 근무
	1994	양평군 양평읍 근무(사회진흥계장)
	1995	양평군 문화공보과 근무(홍보기획계장)
	1997	양평군 기획실 근무(기획계장)
	1999	양평군 총무과 근무(비서실장)
	2001	양평군 옥천면장 −〉지방행정사무관
	2002	양평군 문화관광과장
	2004	양평군 용문면장
	2006	양평군 양서면장
	2007. 04	양평군수 취임 (민선 4기 5대)
	2010. 07	양평군수 취임 (민선 5기 6대)

상훈		
	1998	국무총리 표창
	2007	행정자치부장관 표창

청원군수

이종윤

리더는 벼랑 끝에 내몰리는 경험을 수없이 겪는다. 이 과정에서
능력을 초월하는 과제가 닥쳐도 꿋꿋이 맞설 때 근력은 생기는 법이다.

세상을 보는 눈은 날카롭게 번뜩여야 하지만 행동은 부드럽고 유연하게, 끈기 있게 하는 것이 좋다. 어떤 상황에 처하든 그 상황을 똑바로 바라보고 진중하게 행동하고자 하는 것이다. 매사에 충실하고 주어진 삶에 최선을 다하는 것이 중요하다. 나의 인생철학은 고민은 깊게 하되 결론이 난 사안에 대해서는 결단력 있게 추진하자는 것이다. 나는 중대한 사안을 앞두고 있을 때는 깊고 더 깊게 고민하고 냉철히 판단하려고 한다. 그러나 결심을 한 후에는 묵묵히 한 길만을 바라보고 나아간다. 어느 시인이 '나를 키운 건 8할이 바람'이라고 했다. 나를 키운 건 8할이 '호시우행'의 정신, 예컨대 '호랑이같이 예리한 눈을 갖고 있으되 행동은 소처럼 착실하고 끈기 있게 하는 것'이었다.

청원의 첨단의료복합단지는 우수한 인재 유입과 경제 촉발 효과를 가져올 것이며, 근처의 오송바이오밸리와 오송생명과학단지와 함께 시너지 효과가 증대할 것으로 기대된다.(사진은 오송생명과학단지 상아탑)

자연, 말없는 나의 스승

얼룩박이 황소가 게으른 울음을 울어도 전혀 미웁스러워 보이지 않는 곳. 자연과 한몸이 되어 있는 듯 무조건적이고 일상적인 편안함을 안겨 주는 곳. 그곳이 바로 고향이다.

내 고향 오창읍은 청원군에서도 뜰이 가장 넓은 곳이다. 논과 밭이 하늘에 닿을 듯 끝없이 아득하게 펼쳐지는 곳. 이곳에서 나는 자치기, 구슬치기 등 각종 개구쟁이 짓이란 짓은 다하며 신나게 썰매를 타고 골목을 누볐다. 골목대장을 하던 그 시절 그곳을 나는 잊지 못한다.

나는 어렸을 때부터 농사를 거들며 자연의 이치를 터득했다. 인생철학은 두껍고 어려운 책 속에 있지 않았다. 보는 각도만 틀어도 자연은 내게 산 교육의 장이었고, 훌륭한 경전을 제공했다. 수확을 잘 거두려면 좋은 땅과 농부의 땀방울, 거름, 물, 햇빛이 필요하며 일정한 시간이 지나야 결실을 볼 수 있다는 기다림의 원리도 자연에서 배웠다. 또한 당장 눈에 보이는 결실이 없어도 기다릴 줄 아는 끈기를 자연에서 배웠다.

물은 무심히 위에서 아래로 흐르지만 세상을 뒤덮는 무서운 힘이 있다. 불은 강한 것 같아도 유유히 흐르는 물 앞에서는 언제나 패자였다. 겨울이 아무리 시샘을 부려서 꽃샘추위를 보내도 3월이 되면 나무는 보란 듯이 꽃을 피워냈다. 또 그 꽃이 제아무리 화려하고 예뻐 세상의 찬탄을 다 받아도 나무는 이를 스스로 버려야만 열매를 맺는다. 사람도 마찬가지다. 좋은 스승을 만나야 크게 배우고 크게 성장한다. 내 고향 오창에서 자연이라는 훌륭한 스승을 만난 나는 그렇게 인생의 첫 단추를 꿸 수 있었다.

선배들에게 배운 리더십

나는 그리 넉넉하지 않은 가정에서 4남매의 셋째로 태어났다. 학교에서 돌아오면 부모님의 집안 농사일부터 도왔다. 집안 형편이 어려운 것을 알기에 부모님께 용돈을 달라고 한 적 한 번 없었다. 오죽하면 이런 모습에 동생은 나를 보고 "독하다." 했다.

그러나 나는 현실의 곤궁함을 부정적으로 생각하지 않았다. 이미 닥친 현실은 그대로 수긍하고 그 과정에서 할 수 있는 최선책을 모색하는 쪽으로 삶의 패턴을 만들어갔다.

오창중학교에 다닐 때 학생회장 선거가 있었다. 당시에는 학생들이 직접 학생회장을 선출했다. 두 명이 출마했는데 상대는 나보다 공부를 잘

하던 친구였다. 정견발표문은 선배들이 다듬어주었다. 선거 직전까지만 해도 모두들 1등을 하는 그 친구가 당선될 것으로 믿었다. 다행히 그 친구는 원고를 읽듯 했지만, 나는 유창한 웅변으로 여러 차례 박수갈채를 받았다. 그 결과 선후배들이 생각을 바꾸었고, 특히 여학생들이 더욱 호응을 해주었다.

결과는 완벽한 나의 승리였다. 공부를 하는 데 어려운 점들을 거론하면서 "선생님과 상의해 자치활동 여건을 개선하고 봉사활동도 적극 펴겠다"고 한 연설이 결정적 역할을 한 것이다.

청주농업고등학교 학생회장 선거는 선생님들이 투표를 해서 결정했다. 그때도 학생회장에 두 명이 출마했는데 나는 농과였고 상대는 축산과였다. 공부는 내가 더 잘했지만 상대는 운동선수로 선생님들의 호감을 받고 있었다. 이때에도 담임선생님이 동료교사들에게 호소한 덕분에 학생회장을 할 수 있었다.

학창시절 나는 후배보다 선배들과 생활을 많이 한 편이다. 자취나 운동을 할 때에도 선배들을 더 따라다녔다. 그 과정에서 나는 자연스럽게 리더십을 익혔다. 덕분에 내 주변은 항상 친구들이 넘쳤다.

부모로부터 물려 받은 '정신적 맷집'

나의 아버지는 장대한 체격에 강직하고 매사에 엄한 성품의 소유자였다. 어릴 때 나는 '아버지만큼 내 고향 오창읍 학소리에서 성실하고 일을 좋아하는 사람은 없다'고 생각했다. 인근 이웃이나 아버지 친구분들은 종종 기분 전환을 하고자 냇가에 고기를 잡으러 가서 술도 드셨다. 그러나 아버지는 늘 일만 하셨다.

동네에서 단체로 가는 여행도 웬만하면 어머니만 보내고 당신은 집에서 일만 하셨다. 그런 아버지가 처음에는 이상하게 느껴졌다. 남들은 술도 마시며 재미있게 사는데 왜 일만 하시는지, 도대체 무슨 재미로 사시는지 알 수가 없었다. 심지어는 술을 한잔 하신 아버지 친구들이 집까지 찾아와 이런 저런 얘기를 하며 약을 올려도, 웃기만 할 뿐 가타부타 말이 없었다. 때리면 때리는 대로 맞아도 맷집이 좋아서 아무리 때려도 넘어가지 않는 사람과 싸워본 적이 있는가? 그런 상대를 만나면 처음에는 신이 나지만, 다음에는 진력이 나고, 마침내는 무서워진다. 아버지는 그런 분이셨다.

아버지는 또한 가정과 자식이 최우선이었다. 이를 위해 자신의 모든 걸 버릴 줄 아는 결단력과 성실함이 몸에 밴 분이셨다. 그리고 그 결단은 흔들림이 없이 성과로 이어지곤 했다.

훗날 '이종윤' 하면 '뚝심'이라는 등식이 성립된 것도 실은 아버지의 이런 기질을 물려 받은 덕분이다. 나이가 들면서 아버지에게서 받은 그러한 정신적 유산이 수십 억 대의 재산보다 가치가 있다는 사실을 뒤늦게 깨달았다. 그런 정신적 맷집이 있었기에 나는 주변에 적을 만들지 않고 살아가는 지혜를 터득했다.

나의 공직생활

1969년 청주농업고등학교 3학년 때에 현재의 공무원 9급에 해당하는 조건부 5급 을류 시험에 응시해 합격했다. 그리고 졸업을 하던 1970년 고향인 당시 오창면사무소에서 첫 공직을 시작했다.

처음에는 업무를 전혀 해본 경험이 없기에 선배들에게 배우기만 했다. 때로는 전임자의 몇 년 전 업무자료를 꺼내서 전임자들이 어떻게 일처리를 했는지 분석하며, 선배 공무원들에게도 물어보면서 하나하나 익혔다.

오창면사무소에 근무할 때 가장 힘들었던 일은 아버지 친구나 집안어른들에게 예우를 갖추는 일이었다. 특히나 담당 업무도 아닌 것을 처리해달라고 부탁하면 그야말로 난감했다. 선배들에게 부탁해서 들어줄 일도 아니었다.

타지에서 이렇게 오지랖 넓게 열심히 일했다면 칭찬이라도 받았겠지만 고향인지라 칭찬도 제대로 못 받아 나의 공무원 신입 생활은 더욱 힘들게만 느껴졌다.

그러다가 군에 입대해 35개월의 군대생활을 마치고 다시 복귀했을 때, 안영국 청원군수의 읍면 순방 행사가 열렸다. 새마을 사업계획을 수립하느라 정신이 없을 때였다. 43개 리의 현장을 둘러보느라 며칠간 집에도 들어가지 못하고 밤을 새워 일하다 코피를 쏟기도 했다.

군수 순방에 이어 직원들 신고식이 진행되고, 안 군수의 말씀 중에 맨 앞자리에 서 있던 나는 순간적으로 어지러움을 느끼다 그대로 쓰러졌다.

다행히 숙직실에서 안정을 취하고 바로 일어났지만 이후 안 군수님은 다른 읍면을 순방하면서 "열심히 일하는 것도 좋지만 너무 무리하여 오창면의 이종윤처럼 몸이 상하지 않도록 건강에 유념하라"는 이야기를 했다고 들었다.

당시만 해도 공무원이 면에서 군으로 발령을 받는 것은 하늘에 별 따기만큼 쉽지 않았다. 그런데 이 일이 있고 나서 나는 본청인 청원군청으로, 그것도 요직인 내무과 사회계로 발령을 받는 행운을 안았다.

이후 군청에서 많은 상사들을 모시면서 사회계에서 예산계, 행정계를 거쳐 순탄하게 초고속 승진하는 기회를 잡았다. 내가 빨리 승진한 것은 지금은 돌아가신 김수옥 사회과장으로부터 배운 인간관계의 비법 덕분이었다.

당시만 해도 가덕공원묘지에 출장가려면 배차가 어려워 버스를 타던 시절이었다. 그런데 김 과장은 버스를 타러 군청에서 도청 앞까지 걸어가는 단 몇 분 사이에도 5명 이상의 지인을 만날 정도로 인간관계가 좋았다.

저녁을 먹으러 식당에 가면 그는 다른 사람들의 식사 값까지 먼저 계산했다. 이런 모습을 보고 많은 것을 배웠고, 공직생활 중에 공직자들과 원만하게 지낸 인간관계가 그 무엇보다도 가치 있고 보람도 있었다.

힘든 만큼 보람도 컸던 오송 첨단의료복합단지 유치

청원군청의 4급 서기관 자리는 하나다. 나는 비교적 일찍 서기관으로 승진했다. 그러다 보니 정년까지 9년간 기획실장을 해야 하는 상황이었다. 한자리에서 9년간 근무하는 게 지루하기도 하지만 후배들 생각도 하지 않을 수 없었다.

나는 청원군에서 자라고 청원군 공직자로 잔뼈가 굵었기에 청원군에서는 안정적인 길을 걷고 있었다. 따라서 결재나 하고 동네 어른처럼 후배들에게 자문과 조언을 해주며 사는 재미도 나쁘진 않았다. 그러나 반전이 필요했다.

2008년은 새로운 도전의 해였다. 늦은 나이에 충북도청으로 전출신청 카드를 내밀었기 때문이다. 그런데 내게 맡겨진 바이오산업과장의 역할은 이제껏 하던 일과는 전혀 다른 새로운 업무였다.

리더는 벼랑 끝에 내몰리는 경험을 수없이 겪는다. 이 과정에서 능력을 초월하는 과제가 닥쳐도 꿋꿋이 맞설 때 근력은 생기는 법이다. 존재의 변화는 서서히 시작됐다. 나도 모르게 나를 넘어서는 일이었다.

나는 청원을 떠나서 근무해본 경험이 없었다. 바이오에 대한 전문가적 식견은 더더욱 없었다. 내가 맡은 업무는 첨단의료복합단지를 청원군 오송에 유치하기 위해 평가단원 리스트를 작성하고 이들을 일일이 찾아다니며 설득을 하는 일이었다.

나 홀로 허허벌판에 내몰린 느낌이었다. 새로운 시작은 내 수용 능력의 200%를 쏟아내게 할지 모른다는 생각이 들었다. 나의 진정한 스승은 결국 나 자신이고 번뇌를 해결하는 것도 결국 자신이었다.

'회피하지 말고 나를 몰아세우자. 이 정도도 못하면 앞으로 닥칠 수많은 험난한 과제를 어떻게 헤쳐나갈까. 그래, 한번 부딪쳐보자.'

홍진태 충북대 교수, 안병우 전 충주대 총장 등의 도움을 받아 방향을 설정을 한 뒤 평가자료를 작성하고 평가단원들을 일일이 찾아가 만나는 계획을 수립했다.

만나야 할 병원장, 제약회사, 교수들을 비롯한 평가단원들은 모두 생면부지의 사람들이었다. 인맥을 동원하고, 다리를 놓아 평가단원들을 어렵게 만나면 첨단의료복합단지의 오송 유치 당위성을 설명하고 도와줄 것을 요청했다.

이때부터 007작전을 연상케 하는 평가단원 설득작업이 시작됐다. 나와 동행도 했던 유광준 첨단의료복합단지유치위원회 사무국장은 사전에 평가단원들을 미리 분석하고 기대하지 않았던 세부자료까지 준비해서 찾아가 감동을 주곤 했다.

일주일에 3~4일은 서울, 전라, 부산, 대구, 경북까지 평가단원들을 만나러 다녔다. 출장 배차 받기가 힘들다는 것을 전해들은 당시 정우택 지사는 내게 전용차량과 기사까지 붙여주었다.

한번은 평가단원을 만나러 서울에서 대구까지 가는데 도로가 심하게 막혔다. 약속시간이 30분은 늦어질 것 같아 기사가 시속 160km로 달리는데 타이어라도 터지면 어쩌나 싶어 내가 불안할 정도였다.

오송과 경쟁관계에 있던 대구 경북의 평가단원들은 우리를 만나자 아예 외면하다시피 했다. 그런 사람들에게도 당위성을 설명하고, 건강 바이오 팔찌를 기념품으로 선물하면서 나름대로 최선을 다했다.

골프를 치는 사람에게는 건강 바이오 팔찌를 선물하면서 이걸 차고 골프를 치면 혈액순환이 잘 되어 비거리가 20m가 더 나간다고 귀띔해주었다. 그런데 이걸 차고 친 분이 골프게임에서 이기고 자랑을 한 것이 계기가 되어 건강 바이오 팔찌가 불티나게 인기를 끌었다.

건강 바이오 팔찌를 차고 골프게임에서 이긴 평가단원은 당일 참석해

충북도청의 바이오산업과장 시절 전혀 새로운 업무를 맡았다. 그중 하나가 첨단의료복합단지 유치 사업이었다. 이를 위해 보름 이상 연습을 하며 첨단의료복합단지 유치 제안 설명회를 성공적으로 마쳤다.

우리에게 매우 우호적인 질문을 던져 도움을 주었다.

바이오산업과장은 평가단원들에게 10분간 브리핑을 하도록 되어 있었다. 이것이 상당한 비중을 차지했다. 한번은 정우택 지사를 모시고 브리핑 예행 연습을 하는데 중간에 말문이 막혀 아무 생각도 나지 않았다. 정 지사는 외워서 하지 말고 오송 첨단의료복합단지의 특성 등을 스스로 생각해서 시나리오를 만들어야 막히지 않는다며 조언했다.

이때부터 공무원교육기관인 충북자치연수원의 도움으로 보름 동안 브리핑 방법을 지도받았다. 스피치 강사는 도청 상황실에서 나를 지도할 때마다 백도라지 삶은 물을 따라주면서 브리핑 방법을 차분하게 가르쳐 주었다. 연습한 내용을 녹음하여 집에 가서 들어보고 강사가 지적한 부

공무원생활 39년 동안 가장 힘들었던 업무였지만 그만큼 보람도 컸던 첨단의료복합단지의 건설 현장 모습

분을 조금씩 고쳐나갔다. 덕분에 실제로 브리핑을 할 때에는 실수 없이 진행할 수 있었다.

돌이켜보면 첨단의료복합단지 유치업무는 보람도 있었지만 인맥부족으로 한계를 느낀 기간이었다. 공무원생활 39년 동안 이렇게 힘들었던 적도 없었다. 육체적인 피곤함은 얼마든지 견딜 수 있었지만 정신적인 스트레스는 극복하는 데 어려움이 많았다.

나는 뒤늦은 나이에 충북도청에서 100이었던 능력을 200으로 키우는 성장경험을 했다. 2년 2개월 동안 첨단의료복합단지 유치 실무를 맡아 서울, 대구, 포항, 광주, 원주 등 하루가 멀다 않고 찾아다니며 유치에 심혈을 기울였다.

이 기간 동안 서울을 찾은 것만도 100여 차례가 넘었다. 부서에 특별 배치된 업무용 차량의 타이어를 두 번이나 교체했다. 체중은 7kg이나 빠졌고 전에 없던 불면증에 시달리기도 했다. 그러나 이때 경험들은 훗날 '청원·청주 통합'이라는 큰 과업을 이룰 때 강단과 추진력을 발휘하는 원동력이 됐다.

첨단의료복합단지 유치의 일등공신은 그동안 도와준 도민들과 시민 사회단체, 학회, 언론 등이다. 덕분에 첨단의료복합단지의 오송 유치를 성공적으로 달성할 수 있었다.

청원군수에 도전하다

나는 민선 5기 청원군수 선거에 도전할 입장이 아니었다. 전임 군수가 직속 선배여서 군수의 꿈을 접은 상황이었다. 그러나 청원부군수로 있는 동안 전임군수가 선거법 위반으로 더 이상 군수의 직책을 유지할 수 없게 되면서 상황은 달라졌다. 주위에서도 출마를 권유했다. 머뭇거릴 이유가 없었다.

청원군은 무한한 잠재력과 가능성을 두루 갖춘 지역이다. 솜씨 좋은 농부가 땅을 잘 일구고 거름과 물을 주어 잘 가꾸기만 하면 100배의 결실을 기대할 수 있는 곳이다.

청원군은 오송·오창의 첨단산업 인프라와 미원·낭성의 자연이 공존하며 조화를 이루는 곳이다. 먹을거리도 유기농을 지향하는 웰빙농업의 최적합지다. 오송 고속전철역은 대전처럼 교통의 요충지로 성장할 수 있는 잠재능력이 있으며, 첨단의료복합단지는 우수한 인재 유입과 경제촉발 효과를 갖고 있다.

오송바이오밸리와 오송생명과학단지는 서로 영향을 주고받을 때 시너지 효과는 무한대로 증폭될 수 있다. 이를 어떻게 잘 다듬어가느냐, 만지는 손길의 끝이 대승을 향하느냐 소승을 향하느냐에 따라 결과는 극과 극을 달릴 수 있었다.

고향에 대한 애착을 갖고 일하던 지난날, 발전하는 청원군의 모습을 보며 흐뭇했다. 혼신의 힘을 기울여 첨단의료복합단지 유치를 이뤄내면서는 청원군이 더욱 발전하길 기원했다. 그런 성장 가능성도 여기저기서 느껴졌다.

공정한 지역개발과 발전을 이루고, 대전광역시-세종시와 삼각 벨트를 형성하며 중부권 시대를 견인하는 신 수도권 시대의 중심으로 도약하는

청원이 대전처럼 교통의 요충지로 성장할 잠재능력이 있음을 시사하는 오송 고속전철역. 오송역을 중심으로 근처에 오송생명과학단지와 오송바이오밸리, 첨단의료복합단지들이 들어서고 있다.

충북의 미래경쟁력을 확보하기 위해서도, 가장 먼저 청원군과 청주시가 통합되어야 했다.

하지만 통합의 과정에서 갈등과 상처가 크다면 통합 후의 발전을 향한 동력은 약해질 것이고, 성장은 더딜 수밖에 없다. 모두가 납득하고 흔쾌히 받아들이는 그런 축제와 같은 통합이 나의 뇌리를 항상 맴돌고 있었다. 기초공사만 할 수 있다면 더 이상 원이 없겠다는 생각에 청원군수 출마를 결심했다. 마침 청원 부군수로서 권한대행을 맡고 있을 때여서 내심 유리한 상황이었다.

그러나 선거는 문외한이었다. 출마를 결심하자 정당을 먼저 선택해야 했다. 지역의 원로들은 집권여당으로 가는 것을 주문했지만 바닥 민심은 민주당을 권유하고 있었다. 고심에 고심을 거듭하다가 변재일 의원의 권유에 따라 민주당으로 결정하고 변 의원의 도움을 받아 당선의 영예를 안을 수 있었다.

권위를 내려놓고 소통의 문을 열다

내가 선거 기간 동안 느꼈던 것은 '세상은 내 마음과 같지 않고, 몰라도 서로가 너무 모른다'는 것이었다. 아무것도 아닌 것이 오해와 불신을 낳고 불만을 잉태시켰다. 말을 꺼내기도 전에 멀어지고 이웃사촌도 남남이 되는 것이 선거판이었다.

행정도 이와 마찬가지라는 생각이 들었다. 민심이라는 토양에 뿌리를 두지 않은 모양만 그럴듯한 정책의 결과는 안 봐도 뻔했다. 이런 불합리

선거에는 문외한 이었지만 지역 주민의 선택으로 당선된 이종윤 청원군수

한 점을 개선하려면 군수실 벽부터 허물 필요성이 있었다. 나는 생생한 목소리를 듣고 싶었다.

거대한 조직은 몸통을 움직이는 데 오랜 시간이 걸린다. 행동보다는 말이, 실천보다는 회의만 앞세우기 때문이다. 절박한 민원이 관청의 문턱을 넘고 군수실의 벽을 넘어 군수에게 전달되기까지의 과정을 상상해 보라. 회의를 거쳐 서류로 만들려면 오랜 시간이 걸린다. 경우에 따라 난감한 부분은 삭제되고 담당부서 구미에 맞게 변질되는 경우도 있다.

한숨 섞인, 때로 번뜩이는 훌륭한 제안도 관리자들의 손을 거치다 보면 왜곡되고 변질된다. 민심을 가감 없이 받아들이고 이해한 후 적절한 지시를 하여 조직을 움직이려면 군수실로 오기까지의 시간과 행정력을 절약해야 한다.

"당선시키면 무슨 소용이 있느냐, 군수 만나기가 하늘의 별따기 만큼 어려운데……." 선거기간 중 많은 분들이 이런 우려의 말들을 내게 던지곤 했다. 그래서 '청원군의 주인이 군민을 대신해 심부름하는 군수를 만나기 어려워서는 안 된다'고 몇 번이나 다짐했다.

군수실의 문턱은 무조건 낮아야 한다. 지위고하를 막론하고 각종 민원과 각계각층의 의견, 현자들의 지혜가 물처럼 곳곳에서 흘러 들어와야 한다. 그래야 정책의 경직화를 막고 현실에 걸맞은 알짜배기 정책이 탄생할 수 있다.

청원 군수실을 방문하는 사람들은 군수실과 비서실의 벽이 없는 것을 보고 깜짝 놀란다. 그리고 주민과 소통하려는 나의 노력을 높이 평가해 준다. 언제든 만날 수 있어 좋고, 만나서 해결이 되면 더욱 기뻐했다.

민심을 가감 없이 받아들일 수 있으려면 우선 군수실의 문턱이 낮아야 한다는 생각에 군수 취임 후 군수실과 비서실의 벽을 없애고 주민들에게 개방한 이종윤 군수 집무실

처음에는 막무가내식으로 민원을 털어놓는 사람들도 많았다. 실·과장들에게 요청해도 충분히 해결될 사안을 군수실에서 장황하게 늘어놓는 경우다. 개인적으로도 뭘 공부하고 싶어도 불쑥불쑥 들이닥치는 민원인들 때문에 집중하기도 쉽지 않았다. 그러나 시간이 갈수록 민원인들의 생각도 달라졌다. 막무가내식으로 이야기하던 사람들도 결재 맡으러 들어온 실·과장과 계장들이 밀려 있으면 미안한 마음에 곧바로 일어섰다. 요즘은 예약하고 찾는 경우도 늘고 있다. 어쨌거나 군수실 개방은 잘 한 일이라 생각한다. 언로言路는 행정의 핏줄과도 같다. 막히면 병들고 퇴화하다 끝내는 죽고 마는 법이다.

심혈을 기울인 청원·청주 통합

청원군수 선거에 처음 출마할 당시 내가 가장 고민한 것은 '진정으로 군민들을 위하고 청원군이 발전하는 길이 무엇일까' 하는 것이었다. 고민 끝에 민선 5기의 핵심과제였던 청원·청주 통합을 제1공약으로 내걸었다. 마침 이시종 지사, 한범덕 청주시장도 청주·청원 통합을 공약으로 내걸고 당선되었기에 통합은 시대적 숙명이 되었다. 군수가 청원·청주 통합을 제1공약으로 걸자 많은 사람들이 "청원군 자체로도 발전가능성이 무한한데 왜 통합이라는 어려운 길을 가려고 하느냐?" 하고 강하게 반발했다.

그러나 내 생각은 확고했다. 청주와 청원은 계란의 노른자위와 흰자위처럼 분리할 수 없어 각자 발전하는 데는 한계가 있다. 따라서 청원·청

이시종 충북도지사와 한범덕 청주시장, 이종윤 청원군수가 청원·청주 통합추진 합의문에 서명한 뒤 포즈를 취하고 있다.

주는 피와 살처럼 하나가 돼야 진정한 시너지 효과를 거둘 수 있다.

그러나 통합을 하려면 넘어야 할 산이 많았다. 가장 걱정되는 것이 투표율이었다. 개표를 하려면 유권자의 1/3 이상이 투표를 해야 한다. 투표율이 33.3%를 넘어야 하는 것이다. 청원군의 총 유권자 중 1/3인 4만 80명 이상이 투표를 해야 하는데 그리 쉽지 않아 보였다. 그렇다고 의회의 의결로 처리하는 것도 문제가 있었다.

첫째, 우선 의원들이 느끼는 부담이 컸다. 찬반 여론이 공존해 정치적 부담이 적지 않았다.

둘째, 군민 갈등이 매우 심각한 사안이었다. 따라서 직접 군민들의 손으로 선택하면 갈등이 덜하니 주민투표를 통해 정면 돌파해야 한다는 결론을 내렸다.

청원·청주 통합의 가장 큰 핵심은 주민들의 마음을 하나로 모으는 일이었다. 2010년 7월 민선 5기 출범이 되자 나는 주민이 주도하는 '축제 속의 통합'을 방침으로 정하고 '쉬운 것부터, 할 수 있는 것부터' 하면서 주민의 뜻을 하나로 모으는 데 총력을 기울였다.

우선 양 자치단체 간 공무원 인사 교류를 통해 일체감을 형성하고, 가능한 한 모든 자치단체 행사에 시장·군수가 함께 참여하는 인사 교류와 행사 교류를 시작했다.

그동안 여러 차례의 시도에도 불구하고 청원·청주 통합이 무산된 근본원인은 '통합이 되면 무엇이 좋고 나쁜지'를 주민들에게 제대로 알리지 못한 요인이 가장 컸다. 이때부터 나는 일주일 내내 주민들을 만나러 다녔다. 낮에는 행사장을 다니며 통합의 장·단점을 설명하고 저녁에는 각 마을을 찾아다녔다.

주민들의 대표기구인 청원·청주 통합 군민·시민협의회에서는 통합의 장·단점과 군민들의 우려를 해소하기 위해 39개 항목 75개 세부사업의 상생발전 방안을 담은 홍보물을 집집마다 발송했다. 간부 공무원들을 비롯한 직원들도 기회가 있을 때마다 주민들을 찾아다니며 설득에 나섰다.

또 통합을 성사시키기 위해 청원군과 청주시는 '시내버스 요금 단일화'라는 결단을 내렸다. 통합이 되면 어떤 것들이 좋아지는지 주민들이 체감할 수 있도록 하자는 취지였다. 지난 2012년 5월 21일부터 시작된 시내버스 요금 단일화로 청원군민과 청주시민들은 성인 기준 1,150원(교통카드 1,050원)으로 청원·청주 어디든 오갈 수 있게 됐다.

청원·청주 통합시 관련 홍보를 위해 이 지역 원로와의 대화를 갖고 통합의 장·단점을 설명하고 주민투표를
홍보하는 등 지역 주민들을 설득해 나갔다.

이종윤 청원군수는 청원·청주 통합시 상생발전과 일체감 형성을 위해 자치단체 간 공무원 인사 교류와 행
사 교류를 시행했다. 사진은 청주시 가경동(좌)과 청주시 용암 1동(우)을 방문했을 때의 이종윤 청원군수

청원군 미원면 주민들의 경우 청주시 왕복을 위해 5,800원이 필요했지만 이후로는 2,300원(교통카드 2,100원)만 있으면 됐다. 요금이 약 60%나 줄어들게 된 것이다. 이후 군민들의 여론이 매우 좋아졌고 이는 군민들의 삶의 질을 높이는 데 실질적인 도움이 됐다.

통합에 부정적이던 주민들도 시간이 지나면서 조금씩 생각이 바뀌었다. 난관이 뚫린 것이다. '쉬운 것부터, 할 수 있는 것부터' 시작한 긍정의 힘의 결과였다. 마침내 2012년 6월 27일 청원·청주 통합이라는 위대한 선택이 주민투표에서 찬성으로 결정됐다.

지난 1994년부터 진행된 네 차례의 통합시도 끝에 20여 년 만에 이뤄낸 값진 성과였다. 그 순간 어렵고 힘들었던 지난날들이 주마등처럼 스쳐갔다. 군수로 당선되던 때보다 더 기쁘고 감격스러워 만감이 교차했다.

2013년 1월 23일에는 통합 청주시 설치와 지원근거를 담은 '충북 청주시 설치 및 지원특례에 관한 법률'이 국회에서 의결 공포됐다. 2010년 7월에 출범한 통합 창원시 수준 이상의 국가지원을 얻어내겠다는 목표를 100% 이상 초과 달성한 것이다.

통합 청주시 설치에 대한 법적 근거인 이 법은 통합청사 건립비용 지원 등 정부로부터의 행·재정적 특례지원 근거가 명시돼 있다. 중앙 정부가 지역의 균형발전이 이뤄질 수 있도록 통합비용을 지원하며 지방 교부세, 보조기관의 직급, 행정기구의 설치, 통합청사 건립 등에 대해 행·재정적 지원을 할 수 있다는 규정이다.

새로운 통합시 청사 건립비에 대한 국비 지원은 강제 조항이 아니지만, 예산을 지원할 수 있는 법적 근거가 마련됐다는 점에서 의의가 있다.

청원·청주 상생발전방안 추진계획 보고회에서 발표 중인 이종윤 청원군수(2012. 11. 08)

또 청주시장에게 상생발전방안 이행의무를 부여하고 청주시 소속인 상생발전위원회 등의 기구설치와 실천 방안을 담보할 수 있는 규정들이 명문화됐다는 점에서 의미가 크다.

법이 공포되면서 청주시와 청원군은 새로운 통합 청주시를 성공적으로 출범하기 위한 본격적인 준비에 들어갔다. 법정 사무를 비롯해 상생발전방안 세부사업도 통합시 출범 이전에 이행된다.

나의 임무는 2014년에 새롭게 선출되는 통합시장이 주민들의 복지와 삶의 질 향상을 위한 행정업무에 집중할 수 있도록 준비하는 것이다. 이제 우리 청원군은 2014년 7월이면 통합 청주시로 하나가 된다. 감격스러운 세기의 탄생이다.

더 큰 미래로 나아가기 위해서는 청원군민들이 지혜로워질 필요가 있다. 서두르되 천천히 그러나 차질 없이 완벽하게 준비해서 성공적인 통합 청주시를 출범시켜야 한다. 통합 청주시는 분명 우리가 흘린 땀방울보다 더 값진 열매로 새로운 통합시의 역사를 열게 될 것이다.

새벽 5시에 시작되는 현장 답사

안개가 자욱한 농촌의 새벽 풍경은 잔잔한 아름다움이 있다. 어린 시절, 농촌 어머니들은 새벽에 일찍 일어나 아궁이에 불을 지펴 아침밥을 짓곤 했다. 그 즈음이면 동네마다 밥 짓는 연기가 모락모락 피어올랐다.

군수가 된 나는 해가 뜨기도 전인 새벽 5시에 농가나 작목반을 이따금 찾아간다. 작목반장에게는 "현황과 애로사항을 들으러 간다"고 말하고 점퍼차림으로 현장에 도착한다. 작업 중이던 농업인들은 놀라는 기색이다. 이들에게 농작물 작황과 시세를 물어보고 때론 일을 직접 거들기도 한다. 그런 뒤에는 아낙네들이 내온 된장찌개 반찬에 선머슴처럼 밥 한 공기를 후딱 비우고 출근길에 오른다. 그렇게 출근한 날은 왠지 기분이 좋다. 하루 일과도 술술 풀린다. 주민과의 새벽 대화를 통해 나는 늘 신선한 에너지를 얻는다.

지역주민들과 공식적인 대화를 할 때는 해당 과장이나 읍·면장의 안내를 받지만 이렇듯 새벽 현장을 방문할 때에는 아무에게도 연락하지 않고 불시에 간다. 처음엔 읍·면장들이 "연락도 없이 왔다가셨냐?"며 전화도 하고 그랬지만, 이런 식으로 주 1회 현장 방문을 일상화하자 지금은

이종윤 청원군수는 농촌에 대한 애정이 각별하여 농업 현장에 직접 나가 농민의 고충과 어려움을 듣고 농촌의 문제점을 해결하기 위한 농업정책과 다양한 방법을 모색한다.

읍·면장들도 무디어진 느낌이다.

농업 현장에서 고충과 어려움을 들으면 활력 넘치는 에너지가 느껴진다. 새로운 작목으로 고소득을 올려 기뻐하는 농업인들을 만나면 덩달아 기쁘고, 농업인들이 더 잘살 수 있는 좋은 정책이 무엇이 있을까 더욱더 고민하게 된다.

내게 있어서 새벽 영농현장은 청원농업 발전의 특화된 전략과 농업인의 생생한 목소리가 담긴 농업정책, 농촌의 문제점을 해결하기 위한 다양한 방법을 모색하는 시간이다.

1억 원 이상 소득 농가 1,000호 육성사업

농촌에서 태어나고 자란 나는 유년시절의 추억과 함께 농업과 농촌에 대한 소중한 마음이 항상 자리하고 있다. 다랑논에서 온 가족과 품앗이로 빽빽하게 들어서 모내기를 하던 기억, 논두렁 밭두렁에 앉아 새참을 나눠먹던 기억, 황금 들녘엔 허수아비가 늘어서 있고 이따금 들려오는 경운기 소리가 신기하게 들리던 기억들이 아직도 내 안 깊숙한 곳에 남아 있다.

그러나 정감 있고 활력 넘치던 농촌 풍경은 대내외적인 환경 변화로 어려움에 처하면서 점차 잊혀져가고, 어려운 상황들이 농촌지역에 펼쳐지고 있어 무척이나 안타깝다.

농업인들이 꿈꾸는 우리 농업 농촌의 모습은 진정 어떤 모습일까. 아마도 잘사는 농업 농촌, 활력이 넘치는 생동하는 농업 농촌이 아닐까.

지금 농촌의 어려움을 극복하려면 과거 단순지원 방식의 농업정책만으로는 힘들다. 농촌의 주인인 농업인들이 변화하고 스스로의 역량을 강화해 지역 농업 발전의 중심축이 될 수 있도록 자생력을 키우고 스스로 발전할 수 있는 원동력을 갖춰나가야 한다. 그래서 나는 작지만 강한 농업인으로서 농업소득원을 창출해 부자 농촌, 부자 농업인을 만들기 위해 '청원 군내 연소득 1억 원 이상 농가 1,000호 양성'을 민선 5기 역점 공약사업으로 선정했다.

지난 2010년 200호 양성을 시작으로 2014년까지 1,000호를 목표로 농업인을 위한 단계별 맞춤형 전문교육, 경영개선과 비용절감을 위한 전문 농업경영컨설팅을 추진하고 다른 지역 성공 농업인의 사례를 찾아 농업 마케팅에 대한 시야를 넓히는 등 농업인 역량을 높이는 데 힘썼다.

현장을 다녀보면 열심히 일하는 농가들이 아주 많다. 옥산면에서 비닐하우스에 미나리 농사로 1억 원을 버는 여성 농업인이 "미나리 하우스에 겨울철 난방시설을 하면 수확을 두 번 할 수 있으니 2억 원 이상 소득을 올릴 수 있다"고 도움을 요청한 적이 있었다. 지열난방시스템 보조 사업을 지원해주었는데 결과는 대성공이었다. 이후 미나리 농가 5호만 더 지원을 해달라고 요청을 하여 그중에 3개 농가를 지원해주었다. 이후로는 본인이 직접 해당 농가들을 찾아가서 기술 전수까지 해주고 있다.

딸기로 1억 원 이상 버는 농가들도 있다. 한 농가는 직장에 다니는 아들 두 명까지 불러들여서 함께 농사를 짓는다. 이들을 보면서 '앞으로의 농업은 젊은 사람들이 맡아서 해야 한다'는 것을 절실히 느꼈다.

2012년도 목표대로 1억 원 이상 소득 농가 450호를 육성했으며, 2013

년에는 700호 달성을 목표로 매진하고 있다. 농업 농촌의 현실을 어렵다고 하지만 농업의 무한한 가능성과 발전 잠재력을 무시할 수 없는 대목이다. 1억 원 이상 소득 농가 1,000호 양성 목표는 '작지만 강한 농업'의 힘을 보여주는 것이다. 이 사업을 통해 성장한 우리 지역의 억대 농가가 지역 발전의 당당한 한 축이 되었으면 하는 마음이다.

지자체 중 최초로 시작한 초·중학생 친환경 무상급식

'교육은 바로 우리의 미래이다.'

나는 공직에 몸담을 때부터 늘 이런 생각을 해왔고, 군수에 취임하자마자 글로벌 인재양성을 위한 행정적 뒷받침을 구체화하고자 지방세 수입액 중 6%까지 교육경비로 지원할 수 있는 법적 근거를 마련한 후 관내 학교에 경비를 지원하고 있다.

청소년들의 실력이 향상되려면 먼저 건강이 좋아야 한다. 2010년 하반기 나는 전국 최초로 초·중학생 친환경 무상급식을 실시했다. 부모는 누구나 자식에게 좋은 것만 먹이고 싶어 한다. 그런 부모의 심정으로 먹을거리도 우리 지역에서 생산되는 유기농 쌀과 농산물로 관내 초·중·고등학교에 공급한다.

2011년 하반기부터는 친환경 축산물까지 확대 공급해 학교급식의 고급화 실현을 도모했다. 덕분에 청소년의 건강담보, 학부모 부담 경감, 지역 농업경제 활성화 등 1석 3조의 효과를 톡톡히 보고 있다.

미래 녹색성장의 기둥인 청소년들을 위한 교육과 급식지원 사업이 '모두가 머물고 싶고 다多 행복한 학교 만들기'에 일익을 담당하는 것 같아 흐뭇하다. 창의적인 글로벌 인재는 대한민국, 그리고 우리 지역을 이끌어 갈 중요한 자산이다.

청원군은 2013년에도 21억 원을 교육경비로 지원한다. 이 외에도 방과 후 학교와 교육과정 운영, 초등학교의 영어체험교실, 질 높은 안심돌봄 프로그램, 시설개선을 위해 16억 원을 지원한다.

지금은 지방세의 일정액을 교육지원 경비로 지원할 수 있게 되어 있다. 청원고등학교 학생들이 올해 개교 이래 서울대학교에 가장 많이 진학한 것은 교사들의 열정도 크지만 해마다 군에서 1억 원씩 지원해준 도움도 크다.

오창에도 연구소나 기업체 임직원의 자녀 가운데 학업성적이 우수한 학생들이 청원고등학교로 몰려들고 있다. 오송에서도 국책기관 임직원 자녀, 바이오산업, 기업체 연구소, 공장 직원 자녀들이 선호해 청원고의 인기가 날로 높아지고 있다. 서울 중앙부처에서 일하는 간부급 공무원의 프로필에 '청원고 출신'이라고 적혀 있으면 반갑고, 대화도 편할 것이다. 고향은 달라도 서로 간에 공감대만큼은 형성되지 않을까.

이들이 훗날 중앙부처의 요직에 진출할 경우, 청원고를 나왔기에 청원을 절대로 잊지 않을 것이다. 청원 출신이 아니라 청원·오창에서 고등학교만 나왔어도 지역에 도움이 될 것이다. 지역 인재는 반드시 양성해야 할 부분이다.

미래 녹색성장의 기둥인 청소년들을 위한 교육과 급식지원 사업으로 실행된 충북 도내 첫 무상급식(남일초
등학교)

기업 하기 좋은 청원

청원군은 2013년 군정 비전을 '新수도권을 선도하는 핵심 도시! 더 커
진 청원!'으로 정했다. 더욱더 커진 청원으로, 대한민국의 새로운 중심이
자 신수도권의 맹주로 거듭나자는 취지이다.

청원군은 실제로 기업 하기 가장 좋은 조건을 두루 갖추고 있다. 접근성 면에서도 문의·청원·오창·증평 등 4개 IC가 경부 및 중부고속도로와 연결되어 있다. 여기에 하늘의 관문인 청주국제공항까지 있어 사통팔달한 교통망을 갖추고 있다.

덕분에 오송생명과학단지를 비롯한 국가산업단지와 8개의 일반산업단지, 농공단지가 있고, 2013년 2월 6일에는 충북경제자유구역 지정이 확정되면서 오송바이오밸리와 내수 에어로폴리스도 포함됐다.

또한 오송 제2생명과학산업단지, 오창 제2산업단지, 옥산산업단지도 차질 없이 추진되어 지역의 성장 동력으로서의 위상을 갖춰가고 있다. 이런 가운데 청원군은 30개 우수기업체와 MOU를 체결했으며, 3조 8,292억 원의 투자와 9,770여 명의 고용 창출을 이끌어냈다.

첨단의료복합단지는 신약과 첨단의료기기 개발에 필요한 세계적 수준의 연구공간을 제공해 10년 이내에 글로벌 시장에 진출이 가능한 신약 및 첨단의료기기를 개발하는 역할을 한다. 사업비만 4조 3,000억 원이 투입되는 어마어마한 규모이다.

핵심 연구지원 시설로는 신약개발지원센터, 첨단의료기기개발지원센터, 실험동물센터, 임상시험신약생산센터, 첨단임상시험센터가 들어서고, 민간연구시설은 국내외 대학·기업의 연구소와 병원 등이, 편의시설로 커뮤니케이션센터 및 벤처연구센터가 들어서 63조 원의 생산 유발효과와 29만 명의 고용창출 효과가 기대된다.

청원군은 2013년 기존 업체들에도 경영안정자금 등을 추가 조성해 총 50억 원의 자금으로 업체당 1억 원을 지원하는 등 기업이 체감할 수 있는 기업지원시책 추진에 나서고 있다.

청원은 사통팔달한 교통망을 갖추고 있어 오송생명과학단지를 비롯한 국가산업단지와 8개의 일반산업단지
와 농공단지가 들어서고 있다.

오창과학산업단지가 조성되자 원오창소재지와 신과학산업단지 간의 괴리가 생겼다. 직선거리로는 1km에 불과하지만 모든 경제권이 신오창으로 몰리는 빨대 현상이 나타난 것이다. 이를 해결하기 위해 그 중간에 제2산업단지를 추진했다.

이후 오창읍 주성리 일대에는 생명공학회사인 셀트리온과 엘지화학 2개의 대기업이 입주했다. 여기에 부영아파트 3,000세대를 지으면 아파트만도 5,000세대가 입주하게 돼 원오창과 신오창과의 괴리는 완전히 해소될 것으로 보인다. 원주민들의 불만도 해소하고 함께 살 수 있는 터전을 만들었다.

앞으로는 오송 제2생명과학단지와 청원 성재산업단지의 분양을 통해 더 우수한 기업들을 유치, 기업과 지역이 함께 성장하는 청원의 모습을 그려나갈 것이다. 또한 다양한 시책을 연구 개발해서 기업이 활동하는 데 실질적인 도움이 될 수 있도록 다각적으로 지원할 생각이다.

7회째 고품질 브랜드 쌀에 선정된 청원생명쌀

청원생명쌀은 전국에서 알아주는 고품질 브랜드 쌀이다. 농수산TV 홈쇼핑에서도 단 30분 만에 20kg포장 기준 2,300여 포가 판매돼 1억 2,500여만 원의 매출을 올릴 정도로 인기가 최고다.

청원생명쌀은 2003년부터 2012년까지 한국소비자단체협의회에서 주관한 고품질 브랜드쌀 'Love 米'에 전국 최초로 연속 7회나 선정됐고, 6년 연속으로 '로하스 인증'을 획득했다.

2000년 12월 11일 상표등록된 청원생명쌀은 청원생명농협쌀조합공동사업법인에 상표 사용권이 부여돼 있다. 품종은 추청벼인데 찰지고 밥맛도 좋으며, 오창, 내수, 강외 등의 기름진 땅에서 생산된다.

청원생명쌀은 오창의 RPC 공장에서 도정한다. 소비자단체에서 순도 검사를 하면 상당히 좋은 평가를 받는다. 2013년 계약재배 양도 1,507ha의 면적에 9,042t에 달한다.

중부권 최대 쌀 주산지인 청원군은 현대화시설인 통합미곡종합처리장을 신축해 60여 가지의 첨단시설과 장비를 갖추고 청원생명쌀 명품화에 박차를 가하고 있다. 이미 108억 원을 들여 고품질 청원생명쌀 전용 생산라인을 확보해 농산물우수관리제GAP 시설로 인증도 받았다. 매월 한 차례의 순도검사DNA와 매주 품위 및 성분 검사를 통해 고품질 쌀의 명성을 이어가고 있다.

청원생명쌀은 최고의 탑 브랜드 쌀이다. 청원생명쌀은 선별된 우량농지에만 계약재배하고, 맞춤형 친환경 생산자재와 왕우렁이 보급, 포장재 등을 지원하고 있다. 또 계약재배 농가의 소득보전지원금을 지원하고 청원생명쌀 계약재배 농가의 소득을 보전하도록 해 청원생명쌀 생산에 자긍심을 갖도록 힘쓰고 있다.

청원생명쌀은 다른 지역 쌀과의 차별화에 앞서가기 위해 정부 우량보급종 100% 공급, 계약재배를 통한 엄격한 포장관리, 토양검증으로 시비처방, 왕우렁이 친환경농법 등을 쓰고 있다.

생산에서 수확까지 체계적 관리를 위해 고품질 청원생명쌀 생산 매뉴얼을 구축해 지속적으로 농가 교육을 진행하고 농가 스스로 전국 명품

연속 7회째 고품질 브랜드 쌀에 선정된 청원생명쌀은 다른 지역 쌀과 차별화되는 상품을 생산하기 위해
정부 우량보급종 100% 공급, 엄격한 포장관리, 토양검증, 왕우렁이 친환경농법 등을 쓰고 있다.

브랜드쌀로서 차별화를 유지하도록 관리하고 있다.

또한 청원생명쌀 우수성과 고품질 쌀로서의 자부심을 홍보하기 위해 10억 원을 들여 CF를 제작·방영, 홈쇼핑 마케팅 등을 펼쳐 광역 브랜드로서 홍보 경쟁력을 갖추는 데 주력하고 있다.

입장객 40만 명을 돌파한 청원생명축제

요즘은 믿고 먹을거리가 많지 않다. 국내산이라고 믿고 샀는데 알고 보면 수입산인 경우도 있다. 공업용 재료를 식재료로 둔갑시켜 음식에 넣는 경우도 있다.

청원생명축제는 마음 놓고 먹을 수 있는 청원군의 먹을거리를 전국에 널리 소개하기 위해 마련한 축제다. 또한 청원군이 생명산업의 메카이며, 전국 최고의 친환경 농·축산물 생산 본거지임을 알리기 위해 기획된 축제다. 어느새 입소문을 타고 해마다 수많은 관람객들이 청원생명축제에 몰려든다. 청원군 농업인들이 친환경농법으로 재배한 농·축산물과 다채로운 볼거리가 관람객들의 오감을 만족시키고 있는 것이다. 덕분에 청원생명축제는 청원생명 브랜드 명품화 및 브랜드 가치를 높였고, 농·축산물 소비 촉진과 유기농 시장 선점, 농가 소득 창출에도 기여했다.

10일간 개최되는 청원생명축제는 단순히 시설물만 설치하는 행사와 달리 추수를 기다리는 농민의 마음으로 준비한다. 봄이면 무슨 꽃을 심고 키워 가을에 관람객들에게 볼거리를 제공할지를 고민하고, 여름이면 장마와 태풍을 걱정하며 밤잠을 못 이룬다.

특히 2012년에는 축제 준비 20일 전에 태풍으로 축제장 천막이 날아
가고 나무가 뽑히는 등 어려움이 많았지만 직원들이 힘을 모아 슬기롭게
어려움을 극복했다.

'친환경 농업과 생명농업'을 주제로 하는 청원생명축제에는 관람객이
해마다 늘어 2012년에는 무려 43만여 명이 이곳을 다녀갔다. 축산물 1일
물량이 매일 매진되고 해마다 농산물 판매량도 대폭 증가하고 청원에서
생산되는 청원생명쌀·사과·표고·고구마·민들레 등 친환경 농산물과
축산물 등이 38억여 원 상당이 팔리는 등 해마다 성공적인 축제로 자리
매김하고 있다.

청원생명축제의 관람객들이 이처럼 크게 증가한 것은 2011년부터 입
장요금 전액을 상품구매권으로 환원하여 축제장의 지역 농·축산물 등을
구입할 수 있게 했기 때문이다. 관람객들이 부담 없이 즐길 수 있도록 배
려한 점, 예매권 구매자에게 청남대 입장료를 2,000원 할인해주거나 문
의문화재단지에 무료입장의 혜택을 준 것도 효과를 톡톡히 봤다.

한우·육우, 돼지고기, 닭고기는 시중가의 16~40%, 청원생명쌀·사
과·고구마·고추 등 친환경 농산물은 20~30% 저렴한 값으로 팔자 축산
물판매장, 농특산물 판매장은 관람객들로 연일 북적이고 매일 판매물량
이 조기 매진될 정도로 최고 인기를 끌고 있다. 소나무숲 속 셀프식당에
서는 축산물 판매장에서 구입한 고기를 직접 구워 먹을 수 있다. 축제장
에는 청원군의 현재와 미래의 농업을 한눈에 볼 수 있는 생명농업전시관
과 희귀작물전시관, 허수아비동산, 유기농 들녘 등을 조성하였고, 주렁주
렁 박터널과 메리골드, 코스모스 등을 100만 송이 이상 심은 황금가을

10일간 개최되는 청원생명축제에는 해마다 방문자들이 늘어 2012년에는 무려 43만여 명이 다녀갔다.

청원생명축제에는 다양한 행사 프로그램이 마련되어 있어 가족 나들이로 큰 인기를 끌고 있다.

꽃밭 등을 조성해 관람객들에게 고향 같은 휴식 공간을 제공했다.

새끼 꼬기·탁본·민화·옹기·시골펌프·인절미 늘리기·나무공작 체험 등 질 높은 프로그램과 고구마 땅콩 등 친환경 농작물 수확 체험, 다육식물 심기 등 다채로운 체험행사도 인기가 높다. 어린이들이 수확 체험한 고구마, 땅콩과 다육식물을 화분에 담아 집으로 가져갈 수 있도록 한 것도 해를 거듭할수록 인기를 얻고 있다.

특히 어린이 체험마당에는 어린이들을 위한 에어바운스, 페달보트, 워킹볼 등을 운영하고, 소무대에서는 어린이 인형극을 상영해 어린이들에게 맞는 눈높이 공연으로 재미를 한층 더하고 있다.

청원기업관은 청원군에서 생산되는 기업들의 제품을 전시·체험하고, 판매가 가능한 일부 품목은 50%이상 싸게 팔고 있다. 특히 전 세계적으로 인기를 끌고 있는 싸이의 〈강남스타일〉을 미니 로봇이 30분마다 공연하는데 이 시간에는 빈자리가 없을 정도였다.

아울러 건강정보관에서는 웰빙 라이프와 건강에 대한 다양한 정보를 공유하고 무료 참여 형식의 프로그램을 구성해 관람객들에게 색다른 관람 공간도 제공하고 있다.

농업은 현장에 답이 있다

최근 잇따른 FTA 체결로 농업인의 어려움이 가중되고 있다. 한 연구소의 연구에 따르면 청원군의 피해 예상액은 약 1,465억 원 정도로, 연평균 97.6억 원에 달할 것이라고 한다. 분야별로는 곡물 분야 10억 원(연평균

0.7억 원), 과수 분야 136억 원(연평균 9억 원), 채소특작 분야 36억 원(연평균 2.4억 원), 축산 분야 1,283억 원(연평균 85.5억 원) 정도로 예측된다.

물론 인용된 연구 자료와 분석된 품목에 따라 달라질 수는 있겠으나 FTA 체결로 우리나라 농업인이 피해를 입을 것임은 명약관화한 일이다. 그러나 농업의 어려운 현실 속에는 분명히 '잘살 수 있는' 답 또한 있다고 생각한다. 그 답은 농업의 경쟁력을 키워나가는 데 있다. 혼자서는 살 수 없는 것이 사회의 이치이고, 독불장군으로는 성공할 수 없다. 더불어 사는 농업이 성공의 길이다. 우리 농업도 같은 품목끼리 모여 규모화를 꾀하여 경쟁력을 키워나가야 한다.

농민 스스로도 관심을 가져야 한다. 생산자는 내가 재배하는 농작물에 대해 깊은 정성을 쏟아야 한다. 가령 과수원이나 하우스 내에 음악을 틀어 작물의 건전한 생육을 유도하는 등 정성과 관심을 기울인 농작물들은 분명히 품질이 좋아졌다. 행정이 농업의 기술에 대한 현지교육, 농업 현장의 어려움들을 함께 공감하고 헤쳐나갈 수 있는 방법을 같이 모색하고 격려할 때에 농업인의 성취동기도 분명히 향상된다.

다음으로 지속성을 가져야 한다. 농업도 끊임없이 연구하는 등 자기 노력을 기울이면 반드시 성공할 수 있다. 신기술을 습득하고 노동력을 절감할 수 있는 방법 등 무한경쟁 사회에서 지속적인 노력을 기울여야 한다. '내 분야 농업엔 내가 최고'라는 자긍심을 가지고 회원들끼리 정보를 공유하며 지속적으로 노력한다면 반드시 성공할 수 있다.

나는 현장 농업을 무척 중시한다. 내가 매주 1회 이상 새벽에 농가를 방문하는 것도 현장 농업의 중요성을 잘 알고 있기 때문이다. 딸기재배를 하고 후작으로 멜론을 재배하는 농가를 보면서 더욱 그런 생각을 하게 되었다. 이곳 농가가 출품한 딸기와 멜론은 생명축제 때에 엄청난 인기를 끌었다.

문의면 마동리에 가면 자두과수원이 있는데 과수원을 아름답게 꾸며놓고 아이들 교육장까지 만들어 체험을 할 수 있도록 해놓았다. 청원생명축제 때에 이 과수원에서 가져온 자두는 순식간에 동이 났다.

북일면의 농가에 못자리 조성용으로 비닐하우스를 공급했다. 그러나 이곳 농가는 못자리 후에 그 자리에 또 고추를 심었는데 고추를 심어 번 돈이 못자리로 번 돈보다 높게 나왔다. 하우스 고추는 비를 맞지 않기 때문에 탄저병이 없고, 늦게까지 재배가 가능하고 무농약 고추여서 서리가 내리는 늦가을까지도 수확을 하고 있었다.

이런 현장을 보지 않고는 농업발전에 대한 지원방안을 판단할 수 없다. 나는 현장에서 젊은 사람들의 이야기를 듣고 많은 대화를 나누면서 청원군 농업인들이 정말로 열심히 자긍심을 가지고 농업에 종사하는 것을 느낄 수 있었다. 그렇기에 청원군의 농업은 미래가 매우 밝다.

호시우행, 호랑이같이 보고 소처럼 행동하라

호시우행虎視牛行은 내가 직장생활을 하면서 갖게 된 좌우명이다. '호랑이처럼 날카롭게 보면서 행동은 소처럼 신중하게 하라'는 뜻이다. 호랑이같이 예리한 눈을 갖고 있으되 행동은 소처럼 착실하고 끈기 있게 하는 것이다. 세상을 보는 눈은 날카롭게 번뜩여야 하지만 행동은 부드럽고 유연하게, 끈기 있게 하는 것이 좋다.

어떤 상황에 처하든 그 상황을 똑바로 바라보고 진중하게 행동하고자 하는 것이다. 매사에 충실하고 주어진 삶에 최선을 다하는 것이 중요하다. 나의 인생철학은 고민은 깊게 하되 결론이 난 사안에 대해서는 결단력 있게 추진하자는 것이다.

청원군수 출마를 결심한 것도, 그리고 청원·청주 통합을 추진한 것 등도 모두가 이런 나의 좌우명이 반영된 것이다. 나는 중대한 사안을 앞두고 있을 때는 깊고 더 깊게 고민하고 냉철히 판단하려고 한다. 그러나 결심을 한 후에는 묵묵히 한 길만을 바라보고 나아간다.

어느 시인이 '나를 키운 건 8할이 바람'이라고 했다. 나를 키운 건 8할이 '호시우행'의 정신이었다. 경제과장이 되고 나서 사리판단을 예리하게 해야 되고, 행동도 다시 한 번 생각해보고 해야겠다는 생각을 갖는 결정적 계기가 있었다.

초정약수 스파텔 사업은 청원군의 대표적인 실패 사업의 사례다. 나는 이 사업이 추진될 때 반대의견을 제시했었다. 그러나 당시 군수는 '목욕탕이 있으면 여관도 같이 있어야 하니 관광호텔 쪽을 키워야 한다'는 생각을 갖고 추진했다. 물론 당시 군수의 생각이 틀린 것은 아니었다. 그러나 추진과정에서 어려움을 겪었고 결과적으로 초정약수 스파텔은 실패한 사업이 되었다.

지방자치단체의 경영수익사업은 성공한 사례가 그리 많지 않다. 초정 스파텔도 회원을 모집하는 과정에서, 팸플릿에 군수 사진이 들어가고 회원권 분양 사무실로 군청을 사용하다 보니, 사람들이 청원군을 믿고 회원권을 구입했다. 결국은 청원군이 회원권을 사서 손해를 본 사람들에게 그 돈을 다 물어주는 사태까지 가고 말았다.

따라서 정책을 결정하거나 행동을 할 때에는 심사숙고를 해서 결정해야 한다. 단체장은 물론이거니와 과장이나 참모에 의해 비롯된 정책적 실수는 주민에게 크나큰 영향을 준다.

예를 들어 군청에서 농민들에게 사과재배를 권장했는데 그 결과 작황도 좋지 않고 판매도 시원치 않아 사과나무를 베어버려야 하는 상황이 되었다면, 배재배를 장려해서 성공한 시·군과 사과재배를 장려해서 실패한 시·군은 최소 10년 이상 차이가 벌어질 수도 있다.

따라서 사물을 볼 때에는 예리하게 두 세 번 보고 실제로 행동할 때에는 다시 한 번 생각해보고 고민하면서 행정을 해야 실수도 줄일 수 있다. 금방 생각하고 금방 추진하는 것보다 어떤 생각이 떠올랐을 때 다시 한 번 생각해보고 관련된 이야기도 들어본 다음에 결정하고 추진해나가면 행정의 실수도 줄일 수 있을 것이다.

참으면 풀리게 마련이다

나는 어릴 때부터 참는 데 익숙하다. 상대방이 싸움을 걸어와도 삼키고 마는 편이다. 어차피 한 사람이 참으면 큰 싸움은 되지 않는다. 그래서 참는다.

때로는 힘으로 대결해서 내가 이길 수 있다는 판단이 서지만 그래서 무슨 득이 될까를 먼저 생각한다. 상처뿐인 승리만 있을 뿐이다. 그러나 참으면 관계가 부드러워지고 인간관계 개선도 빨리 이루어진다.

한 대를 맞았을 때 맞서면 일이 더 커진다. 그러나 참으면 그것으로 끝이다. 공직생활을 하는 동안에도 나는 많이 참았다. 민원인들은 대부분 부당한 요구를 할 때 더욱 고래고래 소리를 질렀다. 나는 승진문제로 갈등을 빚거나 업무와 관련하여 동료들이 일을 떠밀어도 잘 참았다.

잘 참다 보니 성격이 까다로운 상사도 잘 모셨다. 덕분에 승진도 잘 했고, 보직도 잘 받았다. 나는 상사가 제안하면 항상 긍정적으로 검토했다. 충북도청 바이오산업과에 근무할 때 국장이 "정년이 얼마 남지 않은 선배의 업무를 대신 맡아달라"고 하기에 "부하 직원과 상의해보겠다"고 했다.

직원은 펄쩍 뛰었다. 첨단의료복합단지가 유치되면 다행이지만 아니면 골칫덩어리가 될 것이라고 반대했다. 담당 사무관과 밤이 늦도록 술을 마시면서 "상사가 얼마나 몸이 달았으면 이런 제의를 했겠느냐?"고 설득해 다음 날 국장실에 가서 업무를 맡겠다고 했다. 이것이 계기가 되어 나는 청원 부군수로 승진했고, 결국은 청원군수에 출마하는 행운도 안게 되었음은 물론이다.

공직생활을 잘하려면

공직생활을 잘하려면 첫째는 열정이 넘쳐야 한다. 나는 공직 초년 시절부터 새마을 사업계획을 세우려고 43개 리의 현장을 다 둘러보느라 며칠간 집에도 들어가지 못하고 밤을 새워 일하다가 코피를 쏟기도 했다. 이것이 계기가 되어 군으로 영입되고, 승진하는 기회를 얻었다. 요즘은 여직원들이 행사기획을 더 잘한다. 여성 공무원들은 업무 연찬을 배우고 시행하는 과정에서도 대민관계가 대체로 원만하다. 또한 여직원들은 숨은 끼들도 많다. 공무원 체육대회를 할 때 새내기 공무원들이 싸이의 말춤을 기가 막히게 잘 추는 것을 보았다. 나중에 알고 보니 여고생 교복까지 빌려와서 한 달간 연습까지 했었다. 열정이 있는 사람들은 일도 열심히 하고, 행사홍보 메일 보내기에도 적극적이다.

둘째는 부지런해야 한다. 나는 요즘도 새벽 4시 반이면 어김없이 일어난다. 문의면장 시절, 새벽에 고 변종석 군수님으로부터 전화를 받았다. 문의면 현장에 왔다는 것이었다. 부랴부랴 택시를 타고 갔더니 공사 현장을 꼼꼼히 점검하고 있었다. 군수가 부지런하면 공직자들은 피곤해도 군민들은 좋아할 수밖에 없다는 생각이 들었다. 그 후 나도 부지런을 배웠고, 지금도 새벽 현장을 많이 다니고 있다. 내가 조금 더 힘들고 조금 더 불편하면 군민들은 그만큼 편해진다. 눈이 왔는데 집에 있으면 불안하지만, 집을 나서면 마음이 편안해진다. 공직자가 현장을 돌며 눈도 치우고 불편한 것이 없는지 찾아서 해결하고, 장마가 났을 때 직접 농작물 침수 상황을 확인하고 주민들과 대화를 나누면 얼마나 고마워하겠는가.

셋째는 친절해야 한다. 친절은 몸에 배야 하는 부분이다. 아직도 공무원들은 전화를 부드럽게 받지 못한다는 지적을 많이 받는다. 웃는 얼굴에는 침을 뱉지 못한다. 미소를 지으며 민원인들의 이야기들을 끝까지 들어주면 화가 났던 사람들도 화가 풀린다.

넷째는 긍정적이어야 한다. 인허가 업무를 담당하던 계장 시절에 나는 민원인들을 도와주는 쪽으로 긍정적인 검토를 많이 했다. 그리고 모든 일을 마친 뒤에 민원인이 고맙다며 식사를 사겠다고 하면 계원들과 함께 삼겹살을 먹으며 대화도 나눴다. 이런 일까지 선을 그으면 오히려 소통의 기회가 차단될 수도 있다고 생각한 까닭이다.

공무원은 군민이 있기에 존재한다. 안 되는 민원일수록 더 친절하게 대해주어야 한다. 민원서류를 낸 사람은 모두 급한 사람들이다. 친절하게 대안을 갖고 이야기를 나누어야 한다. 이렇게 하면 나중에 해결이 안 되어도 민원인은 공직자를 좋게 이야기할 것이다.

나의 건강을 지켜준 등산

나는 건강을 무척 중요시한다. 건강을 잃으면 모든 것을 잃기 때문이다. 아프면 단체장 임무도 수행하지 못한다. 내가 아픈데 무슨 일을 하겠는가. 그만큼 체력은 중요하다. 건강을 지키는 데 가장 좋은 방법으로 나는 등산을 든다.

위대한 등반가 조지 말로리는 "산이 거기 있기 때문에 산에 오른다"고 말했다. 나도 누군가가 "왜 산에 오르느냐?"고 묻는다면 그와 똑같이 대답할 것 같다.

나는 농촌에서 태어나고 자연을 벗 삼아 어린 시절을 보냈기 때문에 산에 오르는 걸 무척 좋아한다. 10대 시절, 속상한 일이 있거나 좀처럼 풀리지 않은 일이 있을 때 산에 오르면 금세 마음이 평온해졌다. 산이 나를 따뜻하게 감싸주는 듯한 느낌을 받았다. 그 누구에게도 하지 못하는 이야기를 산에게 하던 시절이었다.

나이가 들면서는 건강을 지키기 위해 등산을 즐긴다. 산을 열심히 오른 덕분에 나는 지금도 살인적인 스케줄과 잦은 음주에도 크게 병원 신세진 일 없이 건강하게 지내고 있다.

등산은 주로 군청 산악동호회원들과 함께 했다. 체력을 다지고 직원들과 소통의 기회까지도 덤으로 얻어 좋았다. 청원생명축제를 앞두고는 이를 전국에 알리기 위해 홍보물을 들고 산에 올라 해마다 등산객들에게 나눠주기도 한다.

지금도 일주일에 한 번은 주말이나 휴일을 이용해 반드시 산을 오른다. 등산은 자기 체력에 맞게 땀을 흘리는 게 좋다. 과거에는 설악산으로 13시간씩 산행에 나섰지만, 요즘은 멀리 가지는 않는다. 대신 체력에 맞게 오창과학산업단지 내에 있는 목령산과 청주 우암산, 문의면에 있는 양성산을 자주 오른다.

산에 오르면 계절의 변화도 느끼고 지인들과 그동안 나누지 못했던 대화도 자연스럽게 나눌 수 있어서 좋다. 간혹 등산을 하다 만난 주민들로부터 좋은 이야기도 자주 듣는다. 등산을 하고 출근하면 몸도 개운하다. 그러나 등산을 하지 않으면 월요일을 출발하는 몸이 무거워진다.

평일에는 러닝머신으로 아침에 한 시간씩 걷고 하루에 1만 보 이상을 걷는다. 만보기를 차고 다니기 때문에 만보가 부족하면 퇴근시간에 약속 장소까지 걸어서 가면서라도 반드시 만보를 채우고 잠자리에 든다.

통합 청주시를 바라보는 개인적 소회

청원과 청주는 생활권이나 문화권, 경제권이 같은 권역이다. 그런데 청주시는 청원군이 둘러싸고 있어 숨통을 틔울 수 없다. 청원군 입장에서도 계란의 노른자위가 청주에 있기에 구심점을 만들기 어렵다는 단점이 있다. 따라서 상생하는 가장 좋은 방법은 통합밖에 없다.

그동안 청원·청주 통합이 세 차례나 무산된 것은 청원군민들 사이에 "통합하면 혐오시설이 들어올 것이다", "청원군은 변두리로 전락할 것이다", "청주시만 집중 투자할 것이다", "청원군의 농업예산이 줄어들 것이다", "새로운 통합시장이 청원군에 관심을 안 둘 것이다"라는 등의 이런저런 이유로 반대논리가 많이 확산되었기 때문이었다. 그런 면에서는 청원지역의 사회단체장들이 이를 부추긴 측면도 없지 않았다.

청원·청주가 통합되면 인구 83만의 새로운 도시가 탄생된다. 예산의 규모도 청원군 5,000억, 청주시 1조가 통합되면 교부세와 국비지원을 더 받을 수 있게 되어 예산 2조 시대가 열린다.

그렇게 되면 청원·청주는 더욱 발전할 수 있는 호기를 맞게 된다. 청원군이 독단적으로 발전하는 것보다 통합할 경우 훨씬 더 시너지 효과가 클 것으로 판단하는 이유이다. 청원·청주 통합 시대를 맞기에 앞서, 나는 청원군민들이 걱정하는 부분을 하나하나 풀어나가려고 노력하고 있다. 가장 첨예의 관심사는 역시 통합시청사를 어디에 둘 것인가 하는 문제다.

청원·청주를 합쳐서 4개 구로 나누는데, 국회의원 선거구와 일치하기 때문에 정치적으로 민감한 사안이긴 하지만 4개 구청 중에서 기존의 상당구와 흥덕구 이외에 청원군 지역은 청원구와 서원구로 확정을 지었다.

먼저 통합시청사의 위치는 접근성을 고려하여 현 청주시 청사에 신축하는 것으로 확정됐다. 이 밖에 농산물도매시장과 동물원, 친환경농산물유통센터, 공설운동장 등 현안도 차분히 상의해서 처리하면 될 것이다.

내가 청원군수 선거에 출사표를 던진 배경에는 청원·청주 통합을 성사시켜보고 싶다는 열망이 가장 컸다. 청원군은 지리적으로나 자원으로나 발전 가능성이 무궁무진한 곳이다. 그러나 발전을 앞당기려면 먼저 청주시와의 통합이 성사돼야 했다.

2012년 6월 27일 청원군민들은 주민투표를 통해 위대한 선택을 해주셨다. 덕분에 청원군과 청주시는 '통합 청주시'로 새 꿈을 꾸게 됐다. 이제 2014년 7월이면 역사적인 '통합 청주시'가 출범한다.

통합 청주시는 인근 세종시와 함께 그동안 수도권에 집중됐던 국가발전의 중심축을 충청권으로 옮기는 핵심 역할을 할 것이다. 그리고 신수도권을 선도하는 핵심 도시로서 중부권 시대를 이끌어나갈 것이다.

청원·청주 통합은 창원시 이후 두 번째 통합이기에 여러 가지 파급효과도 기대할 수 있다. 통합 청주시는 지난해 7월 출범한 세종시와의 연계성도 있고, 대전·천안과도 지근거리에 있다.

청원·청주 통합은 타 지역의 통합 모델이 되고 있다. 따라서 통합이 성공적으로 이루어지면 그로 인해 여러 지역에서 성공적 통합의 모범사례가 될 것이다.

지난해 말 기준으로 본다면 청주시의 인구는 67만, 청원군은 16만으로 두 지역이 합치면 83만이 된다. 여기에 세종시가 어느 정도 안정적인 기반을 잡아간다면 통합시의 인구는 더욱더 늘어날 가능성이 있다. 이제 두 지역은 새로운 메가시티로의 발전을 꿈꾸고 있는 것이다.

이렇듯 눈부신 미래를 여는 통합시 출범에 내 스스로 마중물이 되었다는 역사적 사실에 기쁘고 한편으로는 뿌듯하기까지 하다.

내가 꿈꾸는 청원군의 미래

청원군은 문화체육관광부와 한국문화관광연구원이 발표한 '2012 지역문화지표 개발 및 시범적용' 결과 군 단위에서 전국 1위를 차지했다. 문화지수 전국 1위 군은 하루아침에 이루어진 것은 아닐 것이다.

이런 상태에서 청원·청주 통합시가 출범하면 청원지역은 어떤 모습으로 바뀌게 될까. 먼저 오송, 강내, 오창, 옥산은 세종시, 천안시, 대전시를 아우르면서 급부상할 것이고, 내수, 미원, 낭성, 가덕, 문의는 관광휴양의 도시로 빠르게 부각될 것이다.

남이와 현도는 산업단지를 유치하고 주거지역도 많이 확보하여 세종시와 대전시, 청주시의 중간 역할을 하게 될 것이다. 그러면 인근 세종시와는 경쟁관계가 아닌 상생의 관계로 발전하게 될 것이다.

오송역이 충북의 관문역으로, 청주공항이 중부권의 관문공항으로서의 역할을 다하면 세종시와 통합시는 더불어 발전할 것이고 통합된 청원지역은 더욱 탄력을 받을 것이다.

도로망도 마찬가지다. 3차 우회도로는 모두 청원 쪽으로 개설되어 있고, 4차 우회도로 계획 역시 청원 관내에서 활발하게 이루어질 것이다.

하이닉스와 오창과학단지 도로가 개설되면 옥산에서 출퇴근하는 주민과 진천에서 출퇴근하는 주민들의 교통체증 문제를 해결해줄 것이다.

이처럼 교통망이 사통팔달이 되면 통합시가 된 청원지역은 비약적 발전을 하게 될 것이고, 기존의 청주시 구간보다 더욱 급부상하는 새로운 전기를 맞게 될 것이다.

청원군은 이제 행정구역과 조직에도 새로운 날개를 달았다. 청주시와 함께 '300만 신수도권을 선도하는 핵심 도시! 더 커진 청원!'으로 부상할 수 있는 길이 열린 것이다. 통합시는 세종시, 오송의료복합단지, 오창과학산업단지, 청주산업단지 간 융합·연계를 통해 충청 광역경제권을 형성하게 된다. 아울러 KTX 오송분기역, 청주국제공항의 관문 역할을 하면서 명품 도시의 기반을 구축해 중부권 최고의 핵심 도시로 성장할 것이다.

나아가 통합시·대전광역시·세종시가 연계되는 발전 축을 형성해 인구 300만 규모의 충청권 광역도시의 수부首部도시로 성장하는 동력을 확보하게 된다.

청원군은 청원·청주 통합으로 역사 속으로 사라지는 것이 아니다. 오히려 '더 커진 청원'으로 거듭나 대한민국 일류 도시를 넘어 월드클래스 명품 도시로 변신하는 것이다. 나는 청원·청주 통합시가 출범하는 그날까지 초심으로 돌아가 새로운 주춧돌을 쌓는 데 최선을 다할 것이다.

이종윤 청원군수

1951년 8월 15일 청원군 오창읍 출생

학력	1967. 02	오창중학교 졸업
	1970. 02	청주농업고등학교 졸업

경력	1970. 03. 20	청원군 오창면사무소 공무원 시작
	1998 ~ 1999	청원군 문의면장
	1999 ~ 2003	청원군 지역경제과장
	2003	청원군 재무과장
	2003 ~ 2007	청원군 기획감사실장
	2007	충청북도 생명산업추진단 사업총괄과장
	2008	충청북도 생명산업본부 사업총괄팀장
	2008 ~ 2009	충청북도 바이오산업과장
	2009 ~ 2010	청원군 부군수
	2010 ~ 현재	청원군수

상훈	1991. 07	대통령 표창
	2004. 12	근정포장
	2010. 06	홍조근정훈장
	2011. 11	제1회 대한민국 지방자치단체 생산성 대상 수상
	2013. 02	2013 한국의 영향력 있는 CEO선정

속초시장

채용생

한 걸음 더 걷고, 한 번 더 생각하고, 더 많은 일들을 해야 한다.
조금은 느려도 정도를 걷다 보면 역경 속에서도 해내지 못할 일이란 없다.

공무원에게 바라는 것들이 있다면 다음의 세 가지다.

어디서 무슨 일을 하든 사람은 인생을 살아가면서 첫째 꿈을 갖는 것이 중요하다.

두 번째는 열정을 가져야 한다. 나는 직원들에게 일을 할 때, 열정을 갖고 하라고 강조한다. 사람은 99가지가 부족해도 단 한 가지만 가지고 있으면 이를 보완할 수 있다. 그 단 한 가지는 바로 열정이다. 열정은 마음속 깊은 곳에서 우러나오는 용광로와 같은 힘이다.

세 번째는 적극적인 사고방식이다. 두려워서 하지 않는 것보다는 어떻게든 시도를 해보는 것이 중요하다. 이것이 지역개발의 원동력이 될 수 있음을 간과해서는 안 된다.

자연친화적으로 조성된 속초자생색물원에서는 설악권 멸종 희귀 식물과 다른 지역에서는 볼 수 없는 설악
산 자생식물들을 관람할 수 있다.

● 한 걸음 더 걷고, 한 번 더 생각하고, 더 많은 일들을 해야 한다.
● 조금은 느려도 정도를 걷다 보면 역경 속에서도 해내지 못할 일이란 없다. ●

실향민의 도시, 속초시

38선 위쪽에 위치해 있는 도시, 속초. 8·15 광복 후 북한 땅이었던 속초시는 6·25전쟁 후에 남한 땅으로 편입됐다. 전쟁 중 이북에서 온 피란민들은 한 발자국이라도 고향이 가까운 곳에 살고자 너도나도 속초로 몰려들었다. 통일이 되면 북녘 땅으로 하루빨리 돌아가겠다는 생각에서였다. 속초앞 바다는 계절마다 생선이 많이 잡혔고, 덕분에 실향민들은 고기잡이를 하며 쉽게 정착할 수 있었다.

1975년 속초시는 인구 7만 2,000명 중 실향민이 5만 3,000명으로 전체 인구의 74%를 차지했다. 그만큼 속초시는 명실상부한 국내 제1의 실향민 도시다. 이 중에서도 함경도 출신들이 가장 많이 모여 사는 청호동을 속칭 '아바이마을'이라 부른다.

나는 동해바다와 인접한 백사장의 벽돌집에서 지냈다. 바다와 함께, 이

6·25전쟁 중 이북에서 온 피란민들은 한 발자국이라도 고향이 가까운 곳에 살고자 너도나도 속초 아바이 마을 근처로 몰려들었다.

곳 '아바이마을'에서 초등학교와 중·고등학교를 다녔다. 여름이면 바다에서 해수욕을 하고, 겨울에는 밀려오는 파도를 바라보며 푸른 꿈을 키웠다.

부모님은 6·25전쟁 중에 북한 북고성에서 괴나리봇짐을 지고 피란을 내려왔다. 다른 실향민들도 그랬지만 속초 실향민들의 생활은 특히 힘들었다. 우리 4남매도 틈틈이 부모님의 생업을 도와야 했다.

아바이마을은 지금은 속초를 여행하는 관광객들이 꼭 찾는 명소가 됐지만 예전에는 갯배를 타고 건너다녀야 했다.

그래도 학교 성적은 상위권을 유지했다. 초등학교 6년 동안 단 하루도 결석을 하지 않았다. 청호동 집에서 속초중학교에 가려면 갯배를 타고 물을 건너다녀야 했다. 이때 고학년 학생들은 갯배에 가만히 서 있고 저학년 학생들이 도맡아 갯배를 끌었다. 하지만 나는 고학년이 되고도 갯배를 열심히 끌었다. 지금 아바이마을은 속초를 여행하는 관광객들이 꼭 찾는 명소가 됐다.

1968년 중학교 3학년 때에 속초에 큰 천재지변이 발생했다. 폭풍을 동반한 '68해일'이었다. 60년 만의 기상이변 사태로 속초시는 물론 동해안 지역 일대는 엄청난 인명·재산피해를 입었다. 어선은 침몰되고 주택이 침수돼 부서지는 등 6,000여 명의 이재민이 발생했다. 우리 집도 파도에 떠밀려 삶의 터전을 송두리째 잃었다. 다행히 부모님은 어려운 생활 속에서도 청호초등학교 앞에 건립된 '청호시장'에 상가 한 칸을 분양받아 놓은 것이 있어서 그곳으로 이주할 수 있었다.

고등학교 때도 공부는 열심히 했다. 당시 청호동 집에서 속초고등학교까지 가려면 8km를 걸어야 했는데, 길에서 흘려보내는 시간이 아까워 책을 보면서 걷기도 했다.

서울대 사범대학을 응시했으나 실패하고 후기로 현 서울시립대의 전신인 '서울농업대학 농업경영학과'에 합격했다. 그러나 형편이 어려운 부모님께 학비까지 보내달라고 할 수가 없었다. 결국 대학생활을 접고 공무원 시험에 응시했다.

참을성을 깨우쳐준 부모님

내 부모님의 고향은 금강산이 위치한 북고성 장천읍이다. 6·25전쟁이 나자 국군을 따라 피란민 대열에 합류해서 내려오다 고향에서 가장 가까운 고성군 죽왕면 문암리에 정착했다. 휴전협정이 체결된 1953년 그해 겨울, 나는 이곳에서 태어났다.

부모님은 내가 세 살 때 피란민들이 정착하기 좋다는 속초시 청호동 아바이마을로 이사했다. 피란민들은 특별히 기술과 자본이 없어도 시작할 수 있는 수산업에 많이 뛰어들었다. 우리 부모님도 마찬가지였다. 봄에는 청호동 백사장에서 미역과 다시마를 채취해 말렸고, 여름과 가을에는 오징어, 겨울에는 명태를 말렸다. 생선이 많이 잡힐 때엔 배를 타고 그물일도 하셨다.

부모님은 '법 없이도 살 사람'이라는 말을 이웃사람들에게 들을 정도로 우직하면서 정직한 삶을 사셨다. 아버지는 공직에 들어선 나를 매우 기특하게 여기셨다. 모처럼 집에 들르면 기르던 토끼를 손수 잡아 토끼볶음탕도 해주실 정도로 정이 많으셨다.

아버지는 "사람이 살면서 참을 인忍자가 셋이면 살인도 면한다"면서 늘 참을성을 강조하셨다. 공직생활을 하면서 다른 사람들과 부딪쳤을 때 참아낼 수 있는 힘을 주신 것이다.

나 역시 자녀들에게 늘 해주는 말이 있다. 첫째 "사랑은 언제나 오래 참고 온유하며 시기하지 않는다"는 말과 둘째 "구하라 그러면 얻을 것이요, 찾아라 그러면 주실 것이요, 두드려라 그러면 열릴 것이다", 셋째 "강하고 담대하라. 놀라거나 두려워하지 마라. 하나님이 늘 너와 함께 한다"

는 성경 말씀이다.

나는 이 글을 박달나무 장식에 걸어놓고 나부터 지키려 하고 있다. 시장 업무를 수행하면서 상대방의 공격이나 불필요한 모함을 받아 어려움에 봉착했을 때에도, 이 말을 새기며 금과옥조로 삼아오고 있다.

독일병정 소리를 듣던 공직자 시절

나는 공직을 호구지책으로 시작했다. 그러나 성실하게 일하는 동안 공직을 사랑하게 되었고, 보람도 느끼게 되었다. 1973년 강원도에서 9급 공무원 시험에 합격했다. 이후 연고도 없는 영월군청에, 그것도 특수지 근무수당을 받는 하동면사무소에 배치를 받았다.

면서기인 내가 처음 맡은 일은 새마을 업무였다. 당시 박정희 대통령은 잘사는 농어촌을 만들기 위하여 '새마을운동'을 제창했고, 새마을운동 활성화에 모든 행정력을 기울였다. 새마을운동 실적을 집계하기 위해 상급기관인 영월군청 새마을과를 방문했을 때, 공무원들 모두 활기차게 근무하는 모습이 무척 부러웠다.

돌아와서 상사인 하동면 부면장에게 어떻게 하면 군청 근무를 할 수 있는지 묻자 "공무원 소양고사 성적이 좋으면 군청에서 근무할 수 있다"고 귀띔해주었다. 이후 소양고사에 응시했고, 영월군에서 1등을 했다. 그런데 발령은 영월군청이 아닌 강원도청, 그것도 공무원들이 가장 선망하는 지방과로 받았다. 얼마 안 있어 입영 영장이 나왔다. 신체검사 '2급' 판정을 받아 고향인 속초시청 병무계 방위요원으로 근무하며 7급 공무원 시험을 준비했다. 군복무를 마칠 무렵 내무부 시행 7급 시험에 응시하여 합격했다. 양구군청에 발령받자마자 다시 소양고사에 응시했고, 성적 우수자로 뽑혀 1977년 내무부로 발령을 받았다.

내무부 공무원들은 전국 시도에서 선발된 인재들이 많아 그 실력과 능력이 출중하다. 그런 내무부에서 입안한 정책들은 전국으로 확산되어 파급효과가 컸다. 학력도 변변치 못하고 강원도 촌놈이었던 나는 상사에게 인정받기 위해 특유의 근면 성실과 열정을 갖고 열심히 일했다.

1977년부터 1996년까지 20년간 내무부 지방행정연수원, 민방위본부, 지방세제국, 개발국, 행정국에 근무하면서 맡은 일은 최선을 다했다. 나는 내무부에서 가장 일찍 출근하고 가장 늦게 퇴근하는 직원으로 소문이 났고, '채용생에게 맡기면 반드시 끝장을 본다'는 신뢰를 심어줬다.

민방위본부에 근무할 때에는 북한의 화생방전에 대비 '일반방독면'을 안전한 제품으로 개발해 전 국민에게 보급했다. 내무부 사회진흥과 국민운동담당 시절에는 관변단체로 하락한 새마을운동단체와 바르게살기단체의 나가야 할 방향을 정립하고 정부지원 방향도 개선했다. 오늘날과 같은 민간운동단체로 육성 발전하는 기틀을 제시한 것이다.

내무부 지방기획과 자치제도 담당사무관 시절에는 지방자치시대를 앞두고 행정구역을 개편했다. 이 과정에서 행정구역 개편의 진정한 의미를 담은 〈행정구역개편백서〉를 발간해 총무처로부터 녹조근정훈장도 받았다.

내무부에 근무하는 동안 상사나 동료들은 나를 '독일병정'이라고 불렀다. 주어진 업무는 밤낮과 앞뒤를 가리지 않고, 누가 알아주든 말든 우직하게 일했기에 붙여진 별명이었다. 때로는 융통성 없이 업무를 밀어붙인다는 핀잔도 들었다. 내무부에서 함께 근무했던 옛 상사들은 아직도 나를 '독일병정'이라 부른다. 그때마다 나는 "지금은 속초시장이니 '독일장교'로 승격시켜 달라"고 농담을 건네곤 한다.

'99 강원국제관광엑스포'를 준비했던 부시장 시절

속초 부시장으로 근무하던 1999년 9월, 속초 청초호변에서는 '인간과 자연, 미래의 삶'이라는 주제와 '관광'을 테마로 세계 60개국 78개 지방정부가 참여한 '99 강원국제관광엑스포'가 50일간 열렸다.

99 강원국제관광엑스포는 외국인 5만여 명을 비롯해 국내외 관광객 226만 명이 다녀간 성공적인 엑스포이다. IMF라는 어려운 경제상황 속에서도 지역 발전을 획기적으로 앞당기면서 관광도시 면모를 쇄신, 한국 관광 1번지로서의 위상을 대내외에 널리 알렸기 때문이다.

나는 이때 속초 부시장 겸 강원국제관광엑스포 지원단장 자격으로 대회장 조성과 진입 도로교통망 확충, 음식·숙박대책, 도시환경정비, 관광명소 개발, 접객업소 손님맞이 여건 조성, 행사 전 붐 조성·홍보 등 준비과정을 총괄 진행했다.

엑스포 대회장은 자투리 밭과 쓰레기 더미가 쌓여 있던 불모지를 매립해 12만 4,000평의 부지를 조성하고 상하수도, 전기통신 등 시설을 갖췄다. 속초로 진입하는 미시로, 온천로, 7번국도 우회도로 등 9개의 접근 도로망을 개설 확충하고 주변 유휴지를 임시주차장으로 조성해 하루 최대 14만 명의 입장객을 받았다.

가로시설물 교체와 불량건물 경관개선, 광고간판 정비, 꽃길과 소공원을 만들고, 속초 8경을 선정해 명소로 가꾸었다. 아울러 설악해맞이 조각공원과 속초 등대전망대 산책로를 조성하는 등 엑스포와 연계한 관광명소 개발과 아울러 볼거리, 먹을거리, 즐길 거리도 확충했다.

99 강원관광엑스포의 성공적 개최로 속초지역 발전이 모든 면에서 10~20년 앞당겨졌다는 평가를 받았다. 이로 인한 자부심과 뿌듯한 감정은 지금까지도 생생하다. 99 강원국제관광엑스포는 직·간접적으로 약 2,000억 원 상당의 자금 유입을 통한 생산 유발 효과를 거뒀다. 그때의 주제관과 상징탑은 관광명소가 되었다. 또한 주변 유원지는 관광객과 시민의 휴식공간으로, 주 공연장은 매년 대한민국 음악대향연 등 이벤트 공간으로 활용되고 있다.

속초시장에 도전하다

내가 민선시장에 도전하게 된 것은 1년간의 장기교육을 받은 이후부터이다. 강원도 산업경제국장, 환경관광문화국장으로 근무하던 중 장기교육의 기회가 생겨 교육을 신청했다. 이 기간은 나를 되돌아볼 수 있는 소중한 시간이었다. 어머님이 계신 고향 속초도 자주 들렀다.

당시 동문성 속초시장이 3선 시장 임기를 마칠 즈음이어서 차기 시장 후보자로 여러 사람이 오르내렸다. 내게도 사회지도층 인사들로부터 출마 권유가 잇따랐다. 그 무렵 '차기 속초시장은 정치인보다 중앙부처와

도에서 행정을 경험한 공직자 출신이 낫다'는 여론이 나돌았다.

그러나 선거는 공직생활과는 또 다른 세계였다. 아내에게 출마의사를 내비치자 펄쩍 뛰었다. "정년이 7~8년이나 남았는데 왜 어렵고 험난한 길에 뛰어드느냐?"는 것이었다. 그러나 누구보다도 행정을 잘 아는 내가 고향 속초를 위해 봉사하는 것도 공직을 보람 있게 마무리하는 일이라고 생각했다. 기회란 항상 오는 것이 아니다.

2006년 5월 치러질 민선 4기 지방선거에 대비, 2005년 10월 공무원 지방 2급으로 명예퇴직을 하고 고향 속초로 내려왔다. 한나라당 공천은 속초시청 과장 출신과 현직 변호사, 대기업 임원, 나까지 4명이 신청했다. 국회의원의 중재로 모두 한자리에 모였다. 공천은 중앙단위 여론조사기관에 의뢰하여 결정하기로 합의했는데 내가 1위로 한나라당 후보가 되었다.

민선 4기 지방선거는 나와 민주당 후보인 전직 속초 부시장, 무소속 후보인 속초시청 과장 출신 3자 간에 치러졌다. 전직 속초 부시장 출신 후보는 선거를 두 번 이상 치른 경험자여서 초보자인 내게는 벅찼다. 그러나 결과는 내가 63.4%를 득표하는 압승을 거두었다.

공직자 출신에게 선거는 생소하고 굉장히 어렵다. 중요한 것은 사람의 마음을 얻는 것이다. 있는 그대로의 모습을 보여주면 된다. 유권자들은 후보자들의 얼굴만 봐도 입 바른 소리인지 진심인지 금방 안다. 그래서 진솔한 마음을 보여주는 것이 중요하다. 나는 악수를 해도 꼭 두 손으로 한다. 그리고 상대의 눈과 얼굴을 바라보면서 '당신을 사랑하고 존경한다. 고향 발전을 위해 열심히 하겠다'는 진정한 마음을 담아 악수했다.

덕분에 두 번에 걸쳐 민선시장을 하고 있지만 "건방지다"거나 "권위적이다", "목에 힘을 준다"는 소리는 듣지 않고 있다.

속초 도심관광의 명소 '설악로데오거리'

'전통시장의 침체로 무너지는 도심 상권을 살릴 방법은 없을까?'

민선 4기 시장에 취임한 후 나는 시정 제일의 목표를 '도심관광 및 서민경제 활성화'에 뒀다. 도심관광 활성화사업은 국민은행에서 청학사거리까지 900m 구간이다. 이곳에 상하수도 및 간판정비, 전선 지중화, 가로수 교체, 도로포장재 교체, 경관조명 설치, 조각예술품을 이용한 문화공간 조성 등 공공디자인 개념을 도입하여 구도심 전체를 재정비하고 관광객을 불러 지역 상권을 살리고 싶었다.

2006년 8월 '살고 싶은 도시 만들기 추진팀'을 신설해 전통시장에 사무실을 마련했다. 그리고 담당 사무관과 4명의 팀원들에게 "구도심과 전통시장을 살리지 못하면 시청에 다시 들어올 생각을 하지 말라"고 했다.

구도심 활성화사업이 시작되자 건물주 상인과 지역민들의 반발이 거셌다. 심지어 반대추진위원회가 결성되고, 의회도 예산 승인을 해주지 않는 등 3중고에 시달렸다. 반대추진위원들 자택을 방문해 개별면담을 갖고 사업의 필요성을 설명했다. 이들을 시의원들과 함께 일본과 유럽에 보내 전통과 어우러져 잘 정비된 도시의 사례들을 직접 보고 느끼게 하면서 협조를 요청했다.

2007년 건설교통부의 '살고 싶은 도시 만들기', '살고 싶은 마을 만들

이팝나무 가로수로 갈아입고 새 모습을 드러낸 설악로데오거리. 시민들은 외국의 시가지처럼 보인다며 칭찬을 아끼지 않고 있다.

기’ 정책 공모사업에 참여했다. 전국에서 83개 자치단체가 응모했는데 속초시가 2위로 선정됐다. 이듬해 여름부터 가로수를 옮겨 심고 전선 지중화사업도 본격화했다. 그런데 배전반이 문제였다. “배전반 때문에 장사가 안 되고 건물가치가 떨어진다”며 지하에 배치할 것을 요구하는 바람에 난관에 부딪쳤다. 한 부부는 “자기 건물 앞에 배전반을 놓지 말라”며 시장실에 찾아와 횡포를 부렸다. 건물주와 담당공무원과의 언쟁도 끊이지 않았다. 급기야 건물주가 연행되어 구속되는 안타까운 상황마저 벌어졌다.

로데오거리 광장에는 속초의 상징인 황소 조형물을 설치했다. 속초의 지형은 소가 누워 있는 와우형臥牛形이다. 속초의 지명도 ‘소에게 풀을 먹이려면 풀을 묶어야束草 한다'는 데에서 유래된 것이다.

'설악로데오거리' 조성사업 시설물은 기존의 개념을 혁신하는 방향으로 추진했다. 횡橫으로 된 신호등도 종縱으로 바꾸고, 길 양쪽으로 서 있는 가로등은 도로 중앙에 세워 양쪽으로 비추도록 했다. 물받이 시설도 인도 사이에, 표지판도 도로 중앙에 설치하는 등 과감하게 바꾸고 새로운 변화를 추구했다.

병충해가 없는 이팝나무를 가로수로 갈아입고 도심지 거리가 새 모습을 드러내자 시민들의 반응은 우호적으로 바뀌었다. 2009년 9월 '설악로데오거리' 준공식을 갖고 시민, 사회단체가 참여하는 거리축제 마당을 열었다. "채 시장이 그 누구도 못한 큰일을 했다"는 격려가 이어졌다. 모처럼 고향을 방문한 사람들은 "도심지가 몰라보게 달라졌다. 마치 외국의 시가지 같다"고 칭찬해주었다. 그 순간 3년여의 힘들고 괴로웠던 기억들이 주마등처럼 스쳐지나갔다. 요즘은 속초시의 도심지 정비 사업을 배우러 오는 타 자치단체 공무원들, 도심지 속을 오가는 관광객들을 보면서 보람을 느끼고 있다.

속초의 산업구조를 바꾼 해양수산가공산업

속초는 설악산, 바다, 온천 등을 바탕으로 한 관광산업 비중이 80%나 차지한다. 당연히 젊은이들은 일자리가 부족하다. 연근해에 어획되는 수산자원도 줄어 어민은 어민대로 힘겨워하고 있다. 이에 일자리 창출 등 속초 경제를 살리기 위해, 나는 임기 동안 '해양수산가공산업'을 신성장

동력사업으로 육성하는 데 집중했다.

2007년 '대포 제2농공단지'가 조성공사 기공식을 갖고 이어 2008년 7월 김진선 강원도지사가 참석한 가운데 준공식을 가졌을 때, '세일즈 시장'으로서 수도권 해양수산가공 기업을 적극 유치하겠다고 약속했다.

2010년부터는 속초 명품 젓갈과 붉은대게, 직화구이 등 10개 기업의 생산품목을 지원한 8개 기업이 식품의약품안전청이 정한 식품위해요소 중점관리기준인 HACCP 인증을 획득했다.

속초 농공단지의 식품공장들이 HACCP 인증을 받으면 해양수산가공 식품산업이 육성되면서 국내 대형마트와 일본, 미주, 유럽 등지의 해외 수출이 활발해진다. 이는 고용 인력과 매출증대로 이어져 안정적인 해양수산가공산업 기반까지를 구축할 수 있게 된다.

농공단지가 100% 분양이 달성되면서 지금은 19개의 공장에서 435명의 고용창출과 연간 241억 원의 매출을 올리고 있다. 여기에 대포 제3농공단지조성공사가 완료되고 국내외 해양수산가공공장이 입주하면서 대포 제1, 2, 3농공단지는 총 100여 개의 기업과 2,000여 명의 고용창출로 '풍요로운 신경제시대'를 열었다. 그 결과 속초시는 2012년 지식경제부가 전국 자치단체를 대상으로 실시한 '투자유치 서비스 만족도 조사'에서 전국 2위를 했다.

대포 농공단지에는 오늘도 하루가 다르게 많은 공장이 들어서고, 많은 종사자들이 힘차게 공장으로 출근하고 있다. 해양수산가공식품 공장과 더불어 2010년에는 '동해안 젓갈 콤플렉스 센터'도 문을 열었다.

'동해안 젓갈 콤플렉스 센터'에는 속초젓갈의 전통과 역사, 건강 기능

성의 속초젓갈을 한눈에 볼 수 있는 '속초젓갈 박물관'과 젓갈김밥, 젓갈
피자, 젓갈 달걀탕 등 다양한 퓨전 젓갈요리를 직접 체험할 수 있는 '요
리 체험실'이 들어서서 큰 인기를 끌고 있다.

청호동 아바이마을에는 함경도 출신 실향민들이 정착하면서 북방식 젓
갈인 명태를 주원료로 명란젓, 창란젓, 가자미식혜, 오징어 젓갈을 만들고
있는데, 속초젓갈은 3대에 걸친 향토음식으로 그 전통을 이어가고 있다.

속초의 신성장 동력, '붉은대게산업'

속초의 붉은대게는 수심 1,200~1,400m의 청정 심해에 산다. 때문
에 청정식품인 붉은대게는 삶아도 향이 있고 감칠맛이 뛰어나다. 그런
데 유통과정에서 관리를 제대로 하지 못해 살이 빠진 게를 공급하는
바람에 외지에서 붉은대게의 이미지가 흐려지고 있다. 그러나 속초에
서 직접 게를 먹어본 사람들은 붉은대게의 뛰어난 향과 감칠맛에 홀딱
반할 수밖에 없다.

'속초 붉은대게'는 필수아미노산과 무기질이 다량 함유되어 있는 건강
식품이다. 현재 전국 붉은대게의 48%는 속초에서 잡힌다. 그럼에도 가공
시설이 떨어져 대부분 1차 단순가공 후 일본, 미국, 유럽 등지에 수출하
는 바람에 고수익을 올리지 못하고 있다. 여기에다 2006년에는 동해바다
에 버려진 해양폐기물로 인근 해역이 오염되었다는 언론 보도 탓에 전국
의 붉은대게 해외수출이 급격히 줄어들었고, 급기야 속초 붉은대게 가공
공장은 부도 직전의 상황까지 몰렸다.

이를 해결하기 위해 나는 수협과 국방부를 수차례 방문하여 속초 붉은대게 어업인들의 생계곤란과 가공업계의 경영악화를 호소하여 2007년부터는 붉은대게를 '군인 급식'으로 납품하고 있다.

이후 일본 사카이미나토시를 여러 차례 방문해 가공기술이 뛰어난 일본 업체들이 속초에서 수입한 붉은대게를 이용하여 고로켓, 그랑탕, 붉은대게 라면, 키토산, 글로코사민 등 다양한 2차 식품과 건강, 기능성 의약품을 상품화하는 모습을 보게 되었다.

또 속초 붉은대게 2차 가공식품 개발을 위해 일본의 전통과자 제조 전문업체인 '적석상점'의 아까이시 유헤이 대표를 초청, 기술이전 협약을 맺고 오징어과자 생산 기술을 전수받아 지금은 대형마트와 코레일 등에서 시판하고 있다.

2011년 1월에는 일본 북양냉장 다케나카 사장과 임원진을 속초로 초청해 붉은대게 가공기술 이전을 위한 상호 업무협약을 체결하고, 한국식품연구원과 함께 일본 현지공장을 직접 방문하여 본격적인 가공기술을 전수받았다. 이후 (주)한백푸드는 붉은대게 크로켓 제품을 생산해 학교, 대형마트, 백화점에까지 납품하고 있다.

2012년 4월 한일 공동투자기업으로 유치한 (주)우리수산은 일본 도모다 회사와 국내 최대 규모의 붉은대게 가공식품 공장을 짓고 130여 명의 직원들이 연간 100억 원 이상의 가공식품을 일본에 수출하고 있다.

속초 붉은대게의 브랜드 이미지 제고를 위해 시는 청호동 항만부지 일원에 속초 붉은대게를 테마로 하는 전시 홍보관과 체험을 겸한 먹거리 타운을 단계별로 조성하기 위한 기본설계를 마무리했다. 2013년 하반기 중 본격적인 공사에 착수할 예정이다.

속초 붉은대게는 농림수산식품부 향토산업으로 선정되어, 4년간 30억 원의 연구개발비가 지원되면 다양한 고부가가치의 상품개발이 활발해지고 국내외 판로도 확대되어 지역의 효자 산업으로 발전할 것이다.

전국 최고의 전통시장으로 탈바꿈한 속초관광수산시장

속초관광수산시장은 요즘 관광객들로 북새통을 이룬다. 즐거운 비명을 지르는 상인들 모습도 이젠 낯설지 않다. 해마다 1,200만 명의 관광객이 찾는 전통시장은 전국에서 속초관광수산시장이 유일하다.

속초관광수산시장도 한때는 유통시장의 전면 개방과 더불어 소비자들이 대형마트로 몰리면서 전국의 대다수 전통시장들처럼 고전을 면하지 못했다.

전통시장은 속초지역 경제에서 상당한 비중을 차지한다. '민생경제의 뿌리는 전통시장이며, 전통시장이 살아야 속초 경제가 산다'는 신념 아래 '중앙시장 활성화'를 제1공약사항으로 내건 나로서는 서민경제의 터전인 전통시장이 붕괴되는 모습을 두고 볼 수 없었다.

2006년 8월, 나는 속초시의 유일한 전통시장을 살리기 위해 전통시장 전담조직인 '살고 싶은 도시추진팀'을 신설하고 사무실도 전통시장 안에 개설했다. 상인들을 설득하고 협조를 얻어내는 작업도 녹록지 않았다. 대부분 고령인 상인들과의 대화가 어려웠고, 시장경영진흥원 자문교수조차 "전통시장을 살리기 어렵다"고 할 정도로 최악의 상황이었다.

시장상인들도 반신반의하는 모습이었다. 그러나 이들은 공무원들이 시장 내 사무실로 출근하여 현장에서 일처리를 하고 시장 활성화의 필요성을 역설하는 등의 모습을 보면서 조금씩 달라졌다.

나는 먼저 중앙시장의 명칭부터 바꾸자고 제안했다. 어느 도시든 '중앙시장'으로 불리는 전통시장이 있다. 그러나 '중앙시장'과 같은 진부한 명칭으로는 전통시장을 살릴 수 없기에 시장 이름부터 관광객이 호감을 가질 수 있는 '속초관광수산시장'으로 바꾸자고 설득했다. 상인들은 선뜻 내키지 않아 했다. 그러나 수차례에 걸친 설득과, 극도로 침체된 상가 상황의 연속으로 결국은 반승인하는 상태가 되었다.

서민경제의 터전인 전통시장을 살리기 위해 명칭도 바꾸고 상인 경영 마인드 교육과 시설 현대화사업을 병행해 재탄생한 '속초관광수산시장'

원래 자치단체들이 전통시장 활성화사업을 추진하게 되면 시설 현대화사업부터 하는 것이 관례다. 그러나 나는 상인들의 자발적 의지와 의욕을 이끌어내는 것이 더 중요하다고 생각했다. 상인의식을 바꾸기 위해 상인대학을 통한 상인 경영 마인드 교육에 집중하면서 시설 현대화사업을 병행 추진했다.

속초관광수산시장도 시설 노후와 환경 불량, 편의시설이 태부족했지만 열악한 시 재정으로 이를 현대화하기에는 어려움이 많았다. 그러나 뜻이 있는 곳에 길이 열린다고 속초관광수산시장은 2006년 전국 1,702개 전통시장 중 중소기업청이 지정한 25개 '시범 육성시장'으로 선정됐다.

덕분에 총예산 250억여 원을 들여 쇼핑 환경을 개선했다. 또 연차적으로 어물전, 닭전, 명동로, 비가림 시설 및 동화장 빛의 거리, 차 없는 쇼핑 거리를 조성하는 등 중앙상가 환경정비 사업을 단계적으로 추진했다. 더불어 자가운전자들을 위해 250대를 수용할 수 있는 주차장을 조성하자 연간 150여 만 명이 전통시장을 찾았다.

2009년에는 200m 앞바다에서 직접 해수를 끌어와 지하 회센터에 공급하는 해수 인입시설을 설치, 신선한 해산물을 고객들에게 제공할 수 있게 됐다. 이러한 노력에 힘입어 방문 고객은 해마다 30% 이상 늘어났으며, 매출은 20% 이상 증가했다. 속초관광수산시장을 찾는 관광객이 급증하자 주차장 주변 도로의 만성 교통체증과 포화상태에 빠졌는데, 이를 해결하기 위해 370대 수용이 가능한 주차장을 2층으로 증축했다.

시장은 단순히 물건이 거래되는 장소를 넘어 소비자에게 새로운 즐거움을 보여줄 관광문화를 선사할 수 있어야 한다. 속초관광수산시장은 수산물쇼핑과 관광을 함께 즐길 수 있는 곳이다.

속초관광수산시장은 2011년 중소기업청에서 공모한 '문화관광형시장'에 선정되어 주말마다 시장 내에서 지역 예술인이 참여하는 다양한 행사와 축제를 열고 있다. 덕분에 속초관광수산시장은 중소기업청과 시장경영진흥원에서 선정한 2011년 '가고 싶은 전통시장 50선' 및 '여행하기 좋은 전통시장 10선'에 선정됐다.

이제 속초관광수산시장은 속초관광의 필수 코스가 되어 내국인은 물론 외국인도 많이 찾고 있는 활기찬 시장이 되었다. 2013년은 속초시 승격 50주년이 되는 매우 뜻깊은 해다. 그런 만큼 속초관광수산시장에 거는 기대도 크다.

중소기업청에서도 예산을 많이 지원해줬고 시장경영진흥원에서도 전국 전통시장 담당자 워크숍 때에 속초시 사례를 설명할 정도로, 이제 속초관광수산시장은 전국적으로 성공한 전통시장으로 자리매김했다.

일자리 창출을 제1의 시정목표로

민선 제5기는 내겐 벅찬 설렘이자 새로운 도전에 대한 시험의 무대였다. 선거과정에서 만난 시민들은 "잘 먹고 잘 사는 속초, 다음 세대들이 일자리 문제로 걱정하지 않는 속초를 만들어달라"고 부탁했다. 임기 동안 나는 '반드시 시민들이 안정적으로 일할 수 있는 일자리를 만들고 지역경제를 되살리는 일자리 시장이 되겠다'고 스스로에게 늘 다짐했다.

속초시는 지역 특성 및 여건상 관광산업이 80%를 차지할 정도로 불균형적인 산업구조를 갖고 있다. 특히 관광산업은 호텔과 콘도와 펜션 등 숙박, 음식, 여행, 유흥업소 등 대부분 소비산업 위주여서 국가경제 상황과 맞물려 돌아간다. 즉, 국가경제가 좋으면 관광산업은 호황을 맞지만 국가경제가 침체되면 관광 업종은 제일 먼저 침체의 늪에 빠져든다.

관광산업도 성수기와 비수기로 사이클을 형성한다. 성수기에는 많은 인력을 필요로 하지만 비수기에는 고용이 불안정한 비정규직으로 충원된다. 2008년 이후 유럽국가와 미국의 재정위기, 중국의 경기침체 등 세계경제가 침체되자 속초 경제도 덩달아 침체됐다.

나는 '시민들에게 안정적인 일자리를 제공할 수 있는 업종은 제조 산업'이라고 보고 이를 실행에 옮기기로 했다. 그리고 민선 5기 제1의 시정목표를 '많은 일자리 창출'로 정했다. '지역경제과'를 확대 개편하면서 전국의 기초자치단체에서는 제일 먼저 '희망일자리추진과'를 설치 운영했다.

나의 별칭도 스스로 '일자리시장'이라 칭하고 시민이 모이는 각종 행사 모임마다 '일자리시장, 속초시장입니다'를 반드시 나의 소개 문구에 넣었다. 그러면서 이렇게 밝혔다.

"속초의 젊은이들이 일자리를 찾아 서울이나 수도권으로 가지 않고 속초에 정착하면서 결혼하도록 하는 것이 나의 가장 큰 꿈입니다. 내 모든 역량을 많은 일자리를 만들기 위해 사용하기에 스스로 '일자리시장'이라고 했습니다."

이후 해양수산가공산업 육성과 기업 유치, 대포 제2·3농공단지 조성과 관광리조트를 민간자본으로 확대 유치하는 등 다양한 시책사업을 강력히 추진한 결과 일자리를 1,000여 개 이상 늘리는 괄목할 만한 성과를 거뒀다.

나는 이때 기업들의 요구에 부응하는 맞춤형 지원이 절실하다는 것을 느꼈다. 기업들에게는 다양한 행정적 재정적 지원도 중요하지만 무엇보다도 기업생산력의 윤활유 역할을 하는 맞춤형 인력을 지원하는 것이 최우선이기 때문이다.

식품업계에서 가장 핵심으로 부각되는 '위해요소 중점관리기준' 인증시설을 위해 관리인력 60명과 기업의 판로개척을 담당할 마케팅 전문가 40명 등 총 100여 명의 전문 인력을 양성했다. 이들 인력을 기업에 지원하자 기업 유치 및 운영은 더욱 원활해졌고, 많은 기업인들이 감사의 뜻을 전해왔다.

최근에는 대중 스포츠로 자리매김한 골프를 고용노동부의 지역 맞춤형 일자리 창출지원 사업의 대상으로 선정, 국비지원을 받아 124명에게 단순 보조자가 아닌 이론과 실무를 갖춘 고품격의 골프경기 보조원과 골프코스관리사 양성 맞춤형 교육을 실시해 이 중 91명을 취업시키기도 했다.

역경 속에서 깨달음으로

농공단지 주변을 지나칠 때 제조업체가 하나둘 들어서는 광경을 보면 가슴이 벅차오른다. 동시에 한 걸음 더 걷고, 한 번 더 생각하고, 속초시민을 위해 더 많은 일들을 해야겠다는 책임감과 사명감도 느낀다. 수많은 역경 속에서도 조금은 느려도 정도를 걷다 보면 해내지 못할 일이 없겠다는 자신감도 들곤 한다.

일자리 사업에 관심을 가지면 일자리 이야기를 많이 하게 되고 그와 관련된 의견도 많이 듣게 된다. 하루는 누군가가 요즘 한창 주목받는 사회적기업에 대한 이야기를 들려주었다. 무심코 들은 사회적기업 이야기는 내게 또 다른 목표와 비전을 품게 했다. 취약계층에게 일자리를 제공하고 지역에 사회 서비스를 제공하는 사회적기업은 속초시에 진정 필요한 사업이었다. 사회적기업은 새로운 도전과 목표로 나를 이끌었다. 민선 5기 임기 동안 나는 20여 개의 사회적기업 육성이라는 목표를 세웠고, 첫 결실로 2012년까지 응골마을의 응골딸기를 비롯하여 모두 8개의 사회적기업을 발굴 육성했다.

일자리 창출을 제1의 시정목표로 정하면서 가장 보람 있고 뜻깊은 일은 고용노동부에서 추진한 지역일자리공시제 평가였다. 고용노동부에서 사업을 추진할 때 전국 자치단체에 참여 의향을 물으면 '일자리시장'이라는 닉네임이 부끄럽지 않게 강원도에서 처음으로 참여의견서를 제출하였고, 민선 5기 임기 동안 1만 개의 일자리를 창출하겠다는 목표를 추진한 결과 2011년 지역일자리공시제 전국합동평가에서 전국 우수 자치단체로 선정됐다.

관광도시인 속초시가 일자리창출 사업평가에서 우수기관으로 선정되었다는 것은 기적과도 같은 일이다. 남은 임기 동안 많은 일자리창출을 통하여 "채용생은 일자리시장이었다"는 이야기를 들을 수 있도록 모든 열정과 의지를 쏟아부을 것이다.

50년 숙원 도심지내 군부대 이전

속초시는 1963년 시로 승격되면서 본격적으로 도시개발이 시작되었다. 1970년에는 설악산이 국립공원으로 지정되면서 신혼여행, 수학여행 등 남한의 주요 관광지로서 면모를 갖추고 강원도 최북단의 수부도시로 발전했다. 하지만 속초시는 도시면적의 64%가 국립공원지역에 편입되고 청초호변 도심지 한가운데에 군부대가 주둔하는 기형적 형태여서 도시가 발전하기에는 한계가 많았다.

이러한 상황을 누구보다 잘 알고 있기에 2006년 민선 4기 속초시장에 취임하면서 '도심지 군부대 이전사업'을 '100대 중점추진과제'로 선정했다. 속초시 도심지에 있는 군부대는 국가안보에 중요한 역할을 하는 부대다. 시민들은 속초시가 수복지구이고 국가안보의 중요성을 알기에 군부대 이전을 강력히 건의하지 못했다. 그러나 군부대가 이전되어야 속초시가 제대로 된 도시개발을 추진할 수 있고, 청초호변 해안관광도로가 개설되어야 청초호를 중심으로 관광지개발도 할 수 있다.

이에 나는 군부대장에게 면담신청을 하고 건설과장과 면담 날짜에 청간부대를 방문하였다. 청간부대장에게 준비해 간 자료와 도면으로 '도심지내 군부대 이전'의 필요성을 설명하였다. 청간부대장은 "군관사가 군부대 옆에 있어 지역 실정을 누구보다도 잘 알고 있다"면서 "속초시 건의사항을 상부에 적극 전달하겠다"고 했다. 한 달 후 사령관을 만나 도심지내 군부대 이전의 필요성과 이전 요청을 했다. 사령관도 동의해주었다.

이후 수많은 협의과정을 통하여 군부대 이전 집적화사업 기본합의서를 체결했고, 군부대와 실무협의를 통하여 '기부 대 양여사업'으로 군부대 이전사업을 확정했다.

군부대 이전사업은 178억 원의 예산이 수반되는 적지 않은 사업이다. 속초시는 부족한 재원을 마련하기 위해 매우 어려운 상황에서 지방채 100억을 발행했다. 군부대 이전사업이 최종 완료되는 2015년경에는 잔여부지 약 6,500m²까지 포함하여 총 1만 5,927m²의 토지가 확보된다. 이렇게 되면 속초시 도시계획 재수립은 새 희망이 열리고, 제2의 속초발전의 초석이 되면서 지역 발전은 한층 가속화될 것으로 기대하고 있다.

환동해 물류관광을 선도하는 백두산 항로 취항

바다는 자원의 보고이자 지구촌 인류에게 남겨진 마지막 신천지다. 바다를 활용한 해양산업의 육성은 21세기 국가 경쟁력을 좌우하는 전략적 핵심과제다. 네덜란드를 비롯하여 과거 해양 국가들은 거친 파도와 싸우며 항로를 개척하고 바다를 지배하여 선진국으로 도약했다. 국토 면적이 한반도 남짓한 영국도 해양기술과 바다의 중요성을 꿰뚫은 혜안과 개척정신, 국가적 리더십의 조화로 '해가 지지 않는 나라' 대영제국을 건설했다.

속초시 역시 이러한 측면에서 무한한 가능성을 가지고 있는 바다와 인접해 있다. 동해안 최북단에 위치한 국제 무역항인 속초항은 서울의 수도권 물류와 여객을 중국 동북 3성, 극동 러시아, 일본 중북부를 최단거리 최소의 물류비용으로 연결하는 등 지역 발전과 국가 이익을 창출할 수 있는 유리한 위치에 있다.

설악권 지역경제와 관광 활성화는 물론 국가물류 경쟁력 확보와 한·중·일·러 간의 환동해권 북방교역의 구심체 역할을 하게 될 것으로 기대되는 백두산 항로의 취항식

2000년 4월 속초~자루비노·훈춘과 속초~블라디보스토크를 연결하는 백두산 항로가 속초항에서 정식 취항했다. 백두산 항로는 설악권 지역경제와 관광 활성화는 물론 국가물류 경쟁력 확보와 한·중·일·러 간의 환동해권 북방교역의 구심체 역할을 한다. 이는 콜럼버스의 신대륙 발견에 비유될 만큼 새로운 거대시장을 개척한 것과도 같다.

백두산 항로 개설은 사회주의 국가인 러시아와 중국, 북한을 상대하는 것이어서 성사 여부가 매우 불투명했다. 이에 동춘항운 문봉수 사장은 끈질긴 집념과 투혼으로 수십 차례 중국과 러시아를 방문하고 많은 우여곡절 끝에 속초~자루비노·훈춘 간 국제 정기 카페리 항로를 개설했다.

그러나 10여 년간 운행되던 백두산 항로는 2010년 10월 글로벌 경기 침체로 인한 해운업계 불황, 기존 항로 운영선사인 동춘항운의 재정악화, 출항 중 선박파손 등으로 인해 지금까지 2년 넘게 취항이 장기간 중단되고 말았다. 이로 인해 관광 숙박 음식업계 등 설악권 지역경제 전반이 크게 흔들렸다.

나는 모든 역량과 행정력을 집중하여 경쟁력 있는 신규 선사를 물색하고 백두산 항로가 조기 정상화될 수 있도록 국토해양부를 수차례 방문, 정부의 정책적 지원을 건의하는 등 혼신의 힘을 다했다.

이후 우리나라의 굴지 선사인 대아그룹의 대아항운이 지난 2011년 11월 29일 백두산 항로 면허를 취득, 이듬해 운항 선박 인수 등이 마무리되어 2013년 3월에 백두산 항로 재취항이 재개됐다.

한·중·러를 연결하는 백두산 항로와 연계하여 한·중·일·러 간 물류 이동에 속초항이 환적·환승 항으로 중계 역할을 하는 등 강원도 동해안의 항로 다변화를 꾀했다. 속초와 일본 기타큐슈를 연결하는 '환동해 항로'도 개설하여 2013년 하반기 중 취항 예정이다.

백두산 항로와 환동해 항로 등 2개의 국제항로가 개설되면 동해안에서는 유일하게 한·중·일·러 동북아지역 간의 환적·환승 항으로서의 역할 수행이 가능해진다. 이는 동북아 지역 간 교역량 증가로 이어져 춘천~속초 간 동서고속화철도 조기 건설과 장기적으로 한반도종단철도 TKR(Trans-Korea Railway)와 시베리아횡단철도TSR(Trans Siberian Railroad) 연결사업의 촉매제가 될 것이다.

속초항을 통해 중국 동북 3성과 극동 러시아 지역의 풍부한 자원을 선점하고 물류와 제조 산업 비중을 점진적으로 높여나가면서 신관광정책을 적극 추진하면, 머지않아 '환동해 중심, 속초의 시대'가 눈앞에 펼쳐지게 될 것이다.

우여곡절 끝에 모습을 드러낸 대포항

1998년 속초 부시장으로 취임한 지 얼마 되지 않았을 때 관련 부서로부터 대포항 건설에 대한 보고를 받고 왠지 답답함을 느꼈다. 이미 해양수산부 어항과에서 계획이 다 확정됐고, 어느 규모로 투자한다고 고시까지 된 상태였지만 마음 한구석에서는 '이런 모습으로 가면 안 되는데……'라는 느낌이 들었다.

그때 현대산업개발주식회사로부터 민간투자 제안이 들어 왔다. 용역보고서를 살펴보니 대포항 개발을 민간주도형으로 바꿔야 한다는 의견이 제시되어 있었다. 늦었다고 생각할 때가 빠른 것이라는 속담이 떠올라 시장님에게 역설했다.

"동해안 지역 모든 어항이 치열한 경쟁을 벌이는 마당에 최소화된 어항기능만 충실히 하는 국가계획을 세우는 것은 아무 의미가 없습니다. 종합관광으로 민간투자를 이끌어내야 합니다."

이어 "내가 직접 나서서 주민들을 설득시키겠다"고 자청하고 담당 과장과 계장을 불러 "인근 상인, 어민들을 모두 불러놓고 설명회를 갖겠으니 날짜를 잡으라"고 주문했다. 당시 대포항 상인과 어민들은 영업이 잘 되던 터여서 변화를 달가워하지 않았다.

"여러분 세대만 생각할 것이 아니라 속초의 백년 후 모습을 보아야 합니다. 당장 먹기 좋은 곶감이 있다고 안주한 나머지 넓고 길게 보지 못하면 후손들로부터 욕을 먹습니다. 부산을 비롯해서 포항, 울산, 동해, 강릉, 양양 등이 모두 관광개발을 겸하고 있습니다. 우리도 미래적 시각을 가져야 합니다."

이렇게 열변을 토하자 상인과 어민들도 수긍하는 분위기였다. 이어 해양수산부 어촌어항과장을 만났다. 그러나 담당 과장은 "계획이 확정됐고, 예산까지 결정된 사업을 다시 되돌리기엔 무리가 있으니 원안대로 해야 한다"면서 난색을 표명했다. 나도 물러서지 않았다.

"주민도 원하고 속초시도 원하고 용역보고서에도 그렇게 해야 한다고 방향제시를 해줬어요. 국가예산도 절감된다는데 무슨 소린가요? 그렇다면 이 사실을 감사원에 통보하겠습니다."

그렇게 으름장을 놓자 이들도 "다시 한 번 검토해보겠다"고 한 발 물

전국 최초로 중앙정부와 자치단체가 공동투자를 해서 민간주도형으로 진행된 국가어항 사업인 대포항의 준공식

러섰다. 그러나 가장 어려운 것은 잡아온 활어와 생선을 팔던 기존의 어민들 문제였다. 생계 터전인 난전을 헐어내고 새 점포로 이전해야 했다.

어민들은 "난전을 옮기면 어장이 좁아져 어획량도 줄어든다"며 피해보상을 요구했다. 이미 피해보상을 요구하지 않겠다고 합의서까지 썼음에도 10여 년간 많은 피해를 봤으니 땅을 공짜로 달라는 것이었다.

어민들의 시위와 농성이 107일간이나 이어졌다. 길고 긴 협상 끝에 어민들의 공동수익사업과 활어보완 판매시설을 지원해주겠다는 타협안을 제시하여 민원을 매듭지었다.

대포항 건설은 관광, 레저, 유통 등 다기능을 수행하는 어항으로 전국 최초로 중앙정부와 자치단체가 공동투자를 해서 민간주도형으로 진행된 사업이라는 점에서 의미가 있다.

대포항 건설은 하나하나가 민원 극복의 과정이었다. 이는 속초시가 생긴 이래 시비와 정부투자 분까지 합쳐서 총투자비가 처음으로 1,000억

원이 넘는 대규모 국가 어항 건설사업이었다.

대포항에 요트장이나 호텔이 들어서면 관광객들을 맞이할 관광어항으로서의 기능을 갖추게 된다. 이처럼 대포항은 속초관광을 이끌어가는 중심 역할을 하면서 주민들의 소득도 높일 수 있을 것이다.

산악관광의 거점, 국립산악박물관 유치

2010년 5월 산림청은 등산인구의 수요충족, 세계 산악강국인 대한민

중앙정부와 자치단체가 공동투자를 해서 민간주도형으로 진행되는 대규모 국가어항 건설 사업인 대포항

국의 이미지 확립과 국민의 자긍심 고취, 한국 등산의 역사 문화 등 사료
보존을 위해 전국 최초로 국립산악박물관 건립사업을 공모했다.

국립산악박물관 건립사업은 총사업비 175억 원 규모의 전액 국비사업
으로 지역균형 발전과 지역경제 활성화 도모, 색다른 관광인프라 확보
차원에서도 충분히 매력적인 조건이었다.

속초는 설악산과 동해바다, 풍부한 어족자원이 어우러진 대표적인 산
악 해양도시다. 1990년대 이후 어족자원이 점차 고갈되면서 어업은 점차
쇠퇴하였지만, 주 5일제 근무시행으로 휴양에 대한 국민 수요가 폭발적

으로 증가하면서, 대한민국 제1의 관광휴양도시로서의 산악관광 인프라 구축이 절실했다. 속초시는 만반의 준비를 거쳐 2010년 유치 신청서를 산림청에 제출했고, 전국 13개 기관과 2회의 현장 심사 등 치열한 유치 경합과 재공모 등 우여곡절 끝에 드디어 2010년 8월 19일 최종 국립산악박물관 유치에 성공했다.

2014년 6월 국립산악박물관이 개관되면 국립등산문화학교, 동양 최대의 인공암벽, 시립박물관과 연계한 구름출렁다리 및 데크로드를 포함한 산악체험시설 등 다양한 2차 사업이 연차적으로 착수된다. 시는 국립산악박물관과 더불어 전국 최초 최대의 산악 에듀엔터테인먼트 공간을 꾸며나갈 생각이다.

척산족욕공원 · 설악누리길 · 자생식물원 조성

척산은 내가 초등학교 시절 소풍장소로 각광을 받던 곳이다. 어느 청명한 날 어둠이 짙어지고 밝은 달이 떠오를 때 빨간 뱀 한 쌍이 연못에서 헤엄을 치며 목욕을 즐겼다는 전설과, 날개를 다친 학이 온천수에 몸을 담가 상처를 치료한 후 날아갔다는 전설이 함께 전해지기도 한다.

2012년 5월 이곳에서 '척산족욕공원'과 '설악누리길' 준공식을 갖고 족욕시설 체험과 '설악누리길 걷기' 등 다양한 행사를 가졌다. 2009년 첫 삽을 뜬 지 만 3년 만의 성과였다.

속초는 시민의 80%가 음식 숙박 등 관광서비스 업종에 종사하고 있다. 당연히 관광객이 많이 와야 지역경기가 살아난다. 척산족욕공원은

척산지역을 온천관광 특화지역으로 조성하여 지역 온천의 브랜를 높일 방안을 놓고 고민하다 찾은 아이템
인 척산족욕공원

'어떻게 하면 더 많은 관광객을 속초에 오게 하고 머무르게 할 수 있을
까' 고민하다 찾은 아이템이다.

설악산은 연간 300만여 명이 방문하는 관광지다. 자연경관이 수려하
고 문화재와 관광명소가 많아 1970년 국립공원으로 지정된 국내 최고의
명산이다. 지하 450m에서는 43~53℃의 온천수가 하루 4,000여 톤가량
분출되는데 수질의 감촉이 매끄럽고 물빛이 푸른빛을 띠며 무색무취로
소화장애, 신경통, 피부질환에 특효가 있다고 알려져 있다. 불소도 함유
되어 있어 충치 및 각종 눈병 외상에 효과가 있다고 한다. 척산지역을 온

각양각색의 아름다운 야생화를 감상하면서 숲속의 정취를 느낄 수 있는 속초자생식물원

천관광 특화지역으로 조성하면 지역 온천의 브랜드도 높일 수 있다. 수안보와 유성온천, 신탄진휴게소 족욕시설 등 전국의 유명한 온천지역 사례를 수집하여 우리 시에 접목할 방법을 찾은 결과가 바로 족욕공원 조성사업이다.

어려움도 많았다. 가장 중요한 현안으로 온천수와 부지확보가 시급했다. 이때 나의 고민을 우연히 알게 된 척산온천휴양촌 임정희 대표가 기업의 사회 환원 차원에서 흔쾌히 토지 1,645m²와 온천수 1일 30톤 무상 기증 의사를 밝혔다. 사업비가 부족해 처음에는 희망근로사업을 통해서 온천수 공급관로 700m와 족욕시설 일부를 설치했다. 2011년에는 행정안전부 '친환경생활공간조성사업' 공모에 속초시의 '온천누리 건강길'이 선정되었다. 국비 5억 원을 지원받아 두 사업을 연계추진하게 되었다.

족욕공원에는 방문객들이 오감을 체험할 수 있도록 야외족욕체험시설, 온천 홍보관, 특산물판매장, 휴게시설, 물품보관함 등을 설치했다. 족욕공원에서 설악산 국립공원 지역을 지나는 지점에는 설악산 자생 및 희귀식물 총 122종 5만여 그루를 심었다. 야생화를 감상하면서 숲속의 정취를 느낄 수 있는 '속초자생식물원'과 계절에 따라 모습을 바꾸는 바람꽃마을의 야생화 들길, 사람과 자연을 소통시켜주는 징검다리 등을 연결하는 총 6km의 '설악누리길'은 관광객들에게 더없이 평온한 휴식처를 제공하고 있다.

최근 주 5일제 근무와 건강과 여가 선용에 대한 관심이 증가하고 있어 '족욕공원'과 '설악누리길', '자생식물원'의 효용가치는 더욱 커지게 될 것이다.

관광 비수기를 극복하는 행사 유치 마케팅

속초시는 스포츠대회와 세미나, 연수회 등 각종 행사를 개최하기에 최적의 도시로 꼽힌다. 동해안 최북단 항구도시인 속초는 여름에는 시원하고 겨울에는 따뜻한 해양성 기후를 보인다. 게다가 광역 교통망을 획기적으로 개선해 수도권에서 2시간이면 올 수 있다.

속초를 찾는 관광객은 여름철 해변과 가을철 설악산으로 집중되는 7~8월, 10~11월의 성수기를 정점으로 급격히 줄어든다. 따라서 서비스업에 종사하는 주민들은 이때에 타격을 고스란히 받는다.

비수기 때 수익 감소에 따른 돌파구를 찾으려고 시작한 것이 스포츠 마케팅 전략이다. 민선 4기 시장으로 취임 후 2006년 8월, 팀장 1명 팀원 2명으로 행사 유치 전담팀을 구성하고 지역경제에 파급효과가 큰 스포츠대회와 종목별 단체별 지역연고 인적 네트워크 구축 등 전략을 수립하기 위해 행사 유치 마케팅에 뛰어들었다.

그 결과 2007년 대통령배 전국 남녀 중고 배구대회, 대통령기 전국 시군대항 레슬링대회 등 23개 대회를 유치해 3만여 명이 방문했다. 또 '2007 전국주민자치센터 박람회'를 개최해 15만 명이 다녀갔다.

2008년에는 국제 국학기공대회, 국제 노인문화제 등 국제행사와 제16회 강원도민 생활체육대회 등 33개의 대규모 행사를 유치했다. 2009년에는 세계한민족 축전인 전통종목 전국대회와 대통령기 전국 노인게이트볼대회 등 28개 대회를, 2010년에는 대한민국 자전거축전 기념 국토횡단 자전거대행진과 모터사이클 동호인들의 대축제인 레전드오브할리 페스티벌을 5년 연속 유치했다.

속초시는 비수기 때 관광 수익 감소에 따른 돌파구를 찾으려고 스포츠 행사 유치 마케팅을 대대적으로 진행하고 있다.(사진은 속초시에서 개최된 전국 유소년 야구대회)

종합운동장 인근의 속초 설산야구장은 야구인들 사이에서 '꿈의 구장'이라고 불린다. 그만큼 자연환경이 좋다. 바로 이곳에서 전국의 모든 초등학교와 리틀야구팀이 참가하는 '스포츠토토배 전국 유소년 야구대회'를 2009년과 2010년 2년 연속으로 개최했으며, 2011년부터는 한국리틀연맹과 협약하여 매년 100개 이상의 리틀팀이 참여하는 '속초시장기 전국리틀야구대회'를 개최해오고 있다.

최근 지방자치단체들이 행사 유치에 경쟁적으로 뛰어들면서 행사 유치 비용이 급상승, 지방의 열악한 재정에 더욱 부담이 되고 있다. 따라서 지금은 지역경제 파급효과가 큰 저비용 고효율의 행사를 유치해야 한다.

속초는 겨울철 기온이 타 지역보다 평균 5℃ 이상 따뜻한 해양성 기후로 전지훈련지의 최적지로 평가 받고 있다. 매년 SK와이번스(2군) 등 유명 프로팀들이 동계 시즌 훈련을 위해 이곳을 찾는다.

속초시는 대학교 신입생들의 오리엔테이션 행사지로도 인기가 높다. 2012년에는 겨울철 전지훈련과 오리엔테이션 행사로 10만 5,000여 명이 다녀가면서 사계절 관광에도 도움을 주고 있다.

2014년에는 전국의 5만여 생활체육 동호인의 화합축제인 '2014년 전국생활체육대축전'의 속초시 유치를 확정지었다. 이 기간 동안 문화예술, 국제교류, 지역축제 등 다양한 행사를 개최하면 2018년 평창 동계올림픽의 성공적 개최 붐 조성과 더불어 300억 원의 경제효과를 거둘 것으로 기대되고 있다.

속초를 떠들썩하게 하던 관광객이 떠난 자리에 경기장마다 북적이는 사람들을 보면서, 비수기 침체된 지역경기 활성화 전략의 필요성을 더욱 절감하고 있다.

속초시 승격 50주년을 '제2의 도약'으로 선포

2013년 시 승격 50주년을 맞은 속초시는 미래 100년 재도약을 위한 10대 기념사업과 5대 기념행사를 선정, 추진하면서 새로운 속초시대를 준비하고 있다.

속초시 승격 10대 기념사업은 동해안 젓갈 콤플렉스 센터 개관식, 전통시장 대형주차장 확충사업 준공식, 대포 제3농공단지 조성사업 준공식, 설악해맞이공원 테마파크 및 설악산 상징 조형물 준공식, '백두산 항로' 취항식, 청초호 해상공원 조성사업 준공식, '설악~금강대교' 준공식, 대포항 종합관광어항개발사업 준공식, 청대산 단풍나무길 조성사업, 속초시립도서관 및 국민체육센터 준공식 등이다.

속초시 5대 기념행사로는 속초 해맞이축제와 속초 비전 2060 선포식, 속초시 승격 50주년 기념행사, 타임캡슐 봉입식, 자매도시 초청공연을 개최한다.

속초시는 지난 50년 동안 괄목할 만한 성장을 거듭했다. 1963년 1월 양양군 속초읍에서 시로 승격될 당시 속초시는 인구 5만여 명에 불과한 동해안 최북단의 작은 어촌도시였다. 시 승격 50주년을 맞은 현재 자동차는 3만 909대, 재정이 3,133억 원, 20개 학교, 435개 학급, 108개 병의원, 전화 가입자수는 2만 9,558대 등으로 늘어났다.

그러나 도시발전의 근간이 되는 인구는 불과 3만여 명이 늘어났을 뿐으로, 인구는 2002년 인구 9만 명을 정점으로 다시 줄고 있다. 산업구조도 관광서비스업에 편중되어 산업불균형 현상이 심각하다. 젊은 사람들은 일자리를 찾아 서울 등지로 떠났고, 지역 발전 전략을 수립하는 것조차 버거울 정도이다.

그러나 위기는 또 다른 기회가 될 수 있다. 시장에 취임한 이후 나는 속초시의 산업구조를 개편하는 작업에 착수했다. 대포동 일대에 '대포 제2·3농공단지'를 조성하는 프로젝트를 추진하고, 붉은대게와 젓갈류를 속초시 신성장 동력산업으로 육성하기 위해 새롭게 조성되는 농공단지를 해양수산단지로 특화하는 작업을 집중 추진했다.

주변 여건도 나아지고 있다. 2010년 국도 46호선이 4차선으로 확포장되면서 수도권과의 거리는 2시간대로 단축되었다. 동서고속도로와 동해고속도로가 준공되고 대포항, 속초해변, 외옹치 및 영랑호 개발 등 대규모 관광레저시설이 2015년까지 완료되면 속초시는 2015년을 정점으로 사통팔달의 교통 인프라와 관광자원 현대화 작업을 완벽히 마무리한다. 더불어 2018년에는 속초에서 40분 거리에 있는 평창에서 평창 동계올림픽이 열린다.

이제부터 무엇을 어떻게 할 것인가?
속초시 미래발전을 위한 전략과 비전은 무엇인가?
다가오는 50년을 어떻게 준비할 것인가?

고민 끝에 '새로운 속초시대'를 여는 '속초 비전 2060'을 마련하고 2013년 1월 7일 이를 시민 앞에 선포하였다. 속초 비전 2060의 핵심키워드는 '국민 모두가 살고 싶은 도시·행복지수가 가장 높은 도시'로 속초시를 만들어가는 것이다. 이를 위한 '4대 추진전략'과 '8대 비전'도 마련됐다.

선포가 선포로 끝나고 보고가 보고로 끝난다면 시민들은 시정을 신뢰하지 않을 것이다. 나는 '꿈은 반드시 이루어진다'는 신념을 갖고 있다. 시민에게 선포한 '새로운 속초시대'를 여는 '속초 비전 2060'은 구체적인 실천계획을 수립하여 진행해나갈 것이다. 시민 동참과 협조를 이끌어내고 민관이 협력하여 '새로운 속초시대'를 향해 중단 없이 나아간다면 '속초 비전 2060'은 조기에 이루어질 수 있다.

시민들의 눈높이는 행정의 위에 놓여 있다. 시민들의 가슴에는 언제나 행정을 신뢰하는 너그러움도 있지만 행정의 잘못을 과감히 질책하는 매서움과 날카로움도 함께 있다.

'한 명의 아이를 키우기 위해서는 온 마을의 관심과 보살핌이 필요하듯' 속초 비전 2060을 성공시키기 위해서는 온 시민의 정열과 참여가 필요하다. 나는 시민적 지혜와 정열을 모아 다가오는 50년, 새로운 속초시대를 위한 반석을 반드시 만들어 후손에게 물려줄 것이다.

공무원에게 바라는 것들

2013년 4월 11일, 강원도 홍천군 남면 명동리 마을에서는 가수 인순이

가 대표로 있는 사단법인 '인순이와 좋은 사람들'이 추진해온 다문화가
정 자녀들을 위한 대안학교 '해밀학교'의 개교식이 열렸다.

최문순 강원도지사가 참석한 가운데 열린 이날 개교식에서 〈거위의
꿈〉을 부른 가수 인순이 씨는 해밀학교 설립 배경과 취지를 다음과 같이
밝혔다.

"비 온 뒤 맑게 갠 하늘이란 해밀학교의 이름처럼 다문화가정
아이들이 지금의 어려운 환경을 당당하게 이겨내어 좋은 사회인
이 되도록 돕겠습니다."

자신이 혼혈로 겪었던 아픔과 가수로서의 성공경험 등을 토대로 다문
화가정 자녀들을 위한 대안교육을 추진해온 가수 인순이 씨는 최근 다문
화 케어·상담사 자격증을 취득하였고, 초록우산 어린이재단과 다문화가
정 아동지원을 위한 협약을 체결하는 등 지속적으로 학교설립을 위한 기
반을 다져왔다.

사람은 인생을 살아가면서 첫째 꿈을 갖는 것이 중요하다. "한 사람이
꿈을 꾸면 단지 꿈에 불과하지만, 모두가 동시에 꿈을 꾸면 그 꿈은 반드
시 이루어진다"는 칭기즈칸의 명언처럼, 나는 내가 할 일, 비전, 꿈에 대
한 이야기를 비교적 많이 하는 편이다. 공무원은 물론 시민과 지역 청소
년들에게도 틈만 나면 '꿈을 가져야 꿈이 이루어진다'는 이야기를 들려
주곤 한다.

인순이 씨가 '나는 꿈이 있어요'라는 노랫말처럼 거위의 꿈을 갖고 있

었기에 혼혈아의 어려움과 시련을 딛고 대안학교의 꿈을 이루었듯, 속초 시민 모두가 꿈꾸는 비전은 반드시 이루어진다고 확신한다.

두 번째는 열정을 가져야 한다. 나는 직원들에게 일을 할 때 열정을 가 져줄 것을 강조한다. 사람은 99가지가 부족해도 단 한 가지만 가지고 있 으면 이를 보완할 수 있다. 단 한 가지는 바로 열정이다.

속초시장을 하는 동안 지금까지 부단체장을 속초 출신으로 세 사람이 나 임명했다. 다른 단체장들은 호랑이새끼를 키운다고 동향사람을 불러 들이는 것조차 꺼린다. 그럼에도 도청 과장을 속초시로 불러들이고, 고 향 후배를 불러들이고, 속초고등학교 후배를 불러들인 이유는 토박이를 데려와야 고향에 애착과 열정을 갖고 일하기 때문이다. 나 역시 부시장 시절에 고향발전을 위해 열정을 갖고 일했다. 열정은 마음속 깊은 곳에 서 우러나오는 용광로와 같은 힘이다.

세 번째는 적극적인 사고방식이다. 두려워서 하지 않는 것보다는 어떻 게든 시도를 해보는 것이 중요하다. 공무원들은 법을 집행하다 보면 감 사를 의식해야 하고 지적 대상도 의식해야 한다. 그러다 보니 의회의 질 책 때문에 법에 어긋나는 일은 하지 않으려고 한다. 자연히 행정 스타일 은 신중해지고 확실하지 않으면 안 하려는 경향이 많다.

예를 들자면 속초관광지 개발, 청초호, 외옹치, 설악동 등은 민자 유치 사업을 해야 하는데 이때 실적 많고 재정규모가 큰 업체만을 골라내려고 하면 민자 유치가 쉽지 않다. 따라서 때로는 어느 정도 가능성을 보고 과 단성 있게 결단하는 자세도 필요하다. 이것이 지역개발의 원동력이 될 수 있음을 간과해서는 안 된다.

묵묵히 내조를 해준 아내

1977년 강원도 도청에서 수원시 내무부 연수원으로 발령을 받았을 때의 일이다. 하숙집 주인 아주머니가 '참한 아가씨가 있다'며 누군가를 소개했다. 첫인상은 평범하고 수수해보였다. 대화를 나눠보니 생활력은 더욱 강할 것 같았다.

1979년 결혼식을 올린 뒤 영등포 신도림동에 조그만 전세를 얻어서 직장을 다녔다. 아내는 생각한 것처럼 생활력이 강했고, 저축도 꾸준히 잘 했다. 박봉에도 살림을 잘 꾸려준 아내에게 감사하게 생각한다.

하지만 아내는 선거출마에는 매우 부정적이었다. 내가 명예퇴직을 하고 출마를 하겠다고 하자 막무가내식으로 반대했다. 명퇴를 결정하고 고향에 올 때에는 눈물까지 흘렸다.

그렇게 반대했지만 선거에 당선될 수 있었던 결정적인 계기도 역시 아내가 제공했다. 상대 후보의 아내들은 '공주 같다'느니 '거만하다'느니 하는 이유로 유권자들의 눈 밖에 나고 입방아에 오르내리는 등 후보의 표를 깎아먹었다.

그러나 내 아내는 구설수에 전혀 오르내리지 않았고, 봉사활동도 열심히 했다. 봉사도 누구에게 보여주려는 것이 아니고 집에서 살림하듯 묵묵히 해주는 스타일이다.

가야 할 길이라고 스스로 판단한 뒤, 아내는 나보다도 더 적극적이고 공격적으로 당선을 향해 뛰었다. 아내는 충청도 진천 사람이다. 속초에는 충청도 사람들이 많다. 그러다 보니 충청도 향우회 사람들이 아내와 함께 나의 선거를 많이 도와줬고, 그 덕도 톡톡히 봤다.

법정 선거비용만 가지고 두 번의 선거를 치르면서 재선까지 할 수 있었던 밑거름도 아내의 내조 몫이 컸다. 지금은 1남 1녀의 자식들을 다 잘 키우고 결혼까지 시켜서 큰아들은 중학교 교사로, 작은딸은 서울에서 디자인 분야 직종에서 열심히 일하고 있다.

바다에 대한 소고 小考

어린 시절 부모님이 어업에 종사하였기에 항구에 나갈 기회가 많았다. 그 시절 항구에는 고기를 가득 채우고 귀항하는 어선들이 문전성시를 이뤘다. 어획물이 넘쳐 어부들의 입가에는 웃음이 떠나질 않았고, 속초 시내는 늘 활기로 넘쳤다.

반세기가 지난 지금은 어떠한가. 무분별한 남획과 해양오염, 지구온난화, 중국 어선의 불법조업 등으로 80년대부터 어획량이 급격히 줄었다. 지역경제가 침체되자 이제는 만나는 어업인들마다 어려움을 호소하고 있다.

'잡는 어업'의 한계를 인식한 나는 속초시장으로 취임한 뒤 '기르는 어업'으로의 전환과 어촌관광 활성화를 위하여 바다목장 조성사업, 수산자원 조성사업 등을 지속적으로 추진했다.

어업 경쟁력 강화를 위하여 연근해 어선감척 사업을 실시하고, 관내 각 어촌계마다 활어회센터를 건립 지원하여 갓 잡은 싱싱한 수산물을 소비자들에게 직접 팔 수 있도록 했다. 동시에 어촌체험마을 운영과 낚싯배 운영 등 어촌관광 사업을 장려했다. 어민 경제가 조금씩 나아지는 것을 볼 때마다 시장으로서 보람을 느낀다.

21세기는 바다가 블루오션으로 부각되고 있다. 바다가 있는 지방 자치단체들은 바다를 이용한 지역경제 활성화를 위하여 해양자원 및 해양관광 개발에 사활을 걸고 있다.

동해 청정바다 자원을 가진 속초시도 종전의 해수욕장 중심의 단순한 이용 패턴에서 벗어나 국민소득 2만 달러 시대에 어울리는 가족 단위의 해양체험 스포츠 레저, 크루즈 관광 등 다양한 해양관광 자원을 개발하기 위해 전 행정력을 집중하고 있다.

현재 청초호에서 운영 중인 소규모 요트마리나 시설과 더불어 대규모 요트마리나 시설도 추가로 유치 중에 있다. 2013년 준공을 앞둔 대포종합관광어항에 100여 척 이상의 대형 요트를 정박할 수 있는 요트마리나 시설과 대형 유람선이 유치되면 가시적 성과가 나타날 것으로 믿는다.

또한 하루 2만 톤의 해양심층수를 취수 가공할 수 있는 시설을 민간자본으로 완공하여 지역 가공유통산업 및 관광산업에 접목하는 등 부가가치 창출에 노력하고 있다.

인류는 오래전부터 바다를 무역과 수송의 수단으로 이용해왔다. 바다는 운송시간은 길지만 많은 물량을 저렴하게 운반할 수 있다. 이러한 장점 때문에 전 세계 교역량의 78%가 해상을 통해 이루어진다.

바다와 함께 자란 나는 바다에 각별한 관심과 애정을 가지고 있다. 동해바다로 끝없이 펼쳐져 있는 속초 앞바다를 바라보면서 바다를 지배해야 세계를 지배한다는 생각을 늘 해왔다. 속초시는 전국에서 육지 면적이 가장 작은(105km²) 자치단체다. 그러나 속초 앞바다를 개척하고 바다

해양을 영토화한다면 가장 넓은 자치단체가 될 수 있다. 그래서 나는 바다와 해양을 개척하는 일에 더욱 열정을 쏟았다.

속초 부시장 시절에는 많은 어려움을 겪으면서도 속초항~러시아 자루비노항~중국 길림성 훈춘을 연결하는 '백두산 항로' 개설에 전력을 다해 취항을 성사시켰다. 2009년에는 속초항에서 직선거리로 가장 가까운 일본 니이가타와 연결하는 속초항~일본 니이가타항 '한일 항로' 취항에 지대한 관심을 갖고 열정을 쏟았다.

2012년에는 속초항~일본 기타큐슈~러시아 블라디보스토크를 연결하는 '환동해 항로'를 위해 국토해양부를 설득하여 국제운항 면허를 발부받아 2013년 상반기 중 국제항로 취항을 앞두고 있다.

속초시는 이렇듯 북방 항로의 지리적 이점을 최대한 활용하여 '백두산 항로'와 '환동해 항로'를 개설하여 취항할 계획이다. 속초항을 국제크루즈 컨테이너 전용 항만으로 조성하기 위해 2020년까지 3만 톤급 여객부두 2선석과 여객터미널 1동도 확충할 계획이다.

속초시가 동해 청정바다 자원을 적극 활용하여 전국 제일의 해양관광 도시이자 '환동해 관광 물류 거점 도시'로 우뚝 설 수 있도록 최선을 다할 생각이다.

환동해의 중심, 속초시를 꿈꾸며

속초시는 1971년부터 1974년 사이가 가장 번성기였다. 1971년 박정희 대통령의 사위이자 제8대 국회의원을 역임한 한병기 유엔주재 대사가 속초시에 정착하고 설악산에 케이블카가 개설되면서 설악산과 속초를 국민들에게 널리 알리는 계기가 되었다.

1972년 '목우재를 통해 설악산으로 들어가는 길에 설악동을 재개발하라'는 정부의 특별지시가 떨어지면서 속초 영랑호 관광지 개발이 본격화됐다. 1974년에는 속초항도 확장했다.

바다에서 풍부한 수산물이 나오고 관광지가 개발되자 경상도, 전라도 등 전국에서 2만여 명의 인구가 유입됐고, 속초시 인구는 순식간에 7만 5,000명으로 늘었다. 그러나 지금 속초시는 재정여건이 미약하다. 토지 면적도 적어 큰 사업을 벌이기도 어렵다. 인적자원 네트워크도 그다지 풍부하지 않다. 이러한 한계적 제약 요인이 많음에도 속초시의 발전 가능성은 여전히 유망하다. 속초가 가진 관광자원이 그렇고, 바다를 끼고 있다는 것과 최북단에 위치한 무역항이라는 점, 그리고 주변 교통망이 좋아지고 있기 때문이다.

이러한 잠재력을 잘 살려나간다면 속초시는 여전히 무한하게 발전할 가능성이 있다. 관광도 중요하지만 특히 바다와 해양을 잘 개척하면 속초시는 극동 러시아도 갈 수 있고, 중국도 갈 수 있고, 북한도 갈 수 있고, 일본도 갈 수 있다.

'속초 환동해권 항로도'에서도 확인되듯, 속초는 바다의 중앙에 위치해 있다. 한국의 지도를 거꾸로 보면 한국의 미래가 보인다. 실제로 지금까지의 해양선박 물류는 부산~말레이시아 말레카를 거쳐 수에즈운하를 건너 인도해양을 통해 갔다. 그러나 미래 물류의 흐름은 북극항로 방면을 활용하게 될 것이다.

바다와 해양을 잘 개척하면 극동 러시아도 갈 수 있고, 중국도 갈 수 있고, 북한도 갈 수 있고, 일본도 갈 수 있다. 지도는 속초시의 발전할 가능성을 엿볼 수 있는 속초 환동해권 항로도

우리가 철도 개설을 요청하는 것도 이러한 이유에서다. 2018 평창올림픽과 연계하여 철도가 열리고, 고속도로가 열리고, 북극항로의 환동해 뱃길이 열리면 속초는 세계 속의 중심 도시로 부상하며 제2의 도약을 맞게 될 것이다.

이 과정에서 나는 환동해를 이끌어가는 중심에서 가장 열심히 일한 속초시장으로 후손들에게 기록되길 바라고, 또한 그렇게 되길 희망한다.

채용생 속초시장

1953년 12월 8일 강원도 속초시 출생

학력		
학력	1972. 02	속초고등학교 졸업
	1985. 02	한국방송통신대학 행정학과 졸업(행정학 학사)
	1993. 08	연세대 행정대학원 행정학과 졸업(행정학 석사)

경력		
경력	1977 ～ 1990	내무부 지방행정연수원, 민방위 본부, 지방개발국, 지방세제국 근무
	1990 ～ 1996	내무부 시군세과 재산세계장, 사회진흥과 총괄계장, 지방기획과 행정구역계장, 자치제도계장(국가 5급, 국가 4급)
	1996 ～ 1998	강원도 재정경영담당관, 예산담당관, 기획관
	1998	국무총리실 수질개선기획단 수질개선담당관(국가 4급)
	1998 ～ 1999	99 강원 국제관광엑스포 지원단장(지방 4급)
	1998 ～ 2001	속초시 부시장(지방 4급)
	2001 ～ 2005	강원도 산업경제국장, 환경관광문화국장, 국제스포츠지원단장(지방 3급)
	2005. 10	공무원 명예퇴직(지방 2급)
	2006. 07	제25대 속초시장 취임(민선 제4대 속초시장 취임)
	2010. 07	제26대 속초시장 취임(민선 제5대 속초시장 취임)

상훈		
상훈	1979. 12	내무부 장관 표창
	1983. 07	대간첩대책본부장 표창
	1986. 10	대통령 표창
	1995. 11	녹조근조 훈장
	2007. 10	2007 대한민국 지식(기술) 경영대상 '세종지식인 대상'

대한민국을 움직이는 자치단체 CEO ❹

초판 1쇄 발행   2013년 7월 14일
초판 2쇄 발행   2013년 8월 20일

지은이 정문섭
펴낸이 김환기
펴낸곳 도서출판 이른아침

주 소 서울시 마포구 마포동 324-3 경인빌딩 3층
전 화 02)3143-7995
팩 스 02)3143-7996
등 록 2003년 9월 30일 제 313-2003-00324호
이메일 booksorie@naver.com

ISBN 978-89-6745-018-2 03340